SQL
kurz & gut

Jonathan Gennick

Deutsche Übersetzung
von Lars Schulten

Beijing · Cambridge · Farnham · Köln · Paris · Sebastopol · Taipei · Tokyo

Die Informationen in diesem Buch wurden mit größter Sorgfalt erarbeitet. Dennoch können Fehler nicht vollständig ausgeschlossen werden. Verlag, Autoren und Übersetzer übernehmen keine juristische Verantwortung oder irgendeine Haftung für eventuell verbliebene fehlerhafte Angaben und deren Folgen.
Alle Warennamen werden ohne Gewährleistung der freien Verwendbarkeit benutzt und sind möglicherweise eingetragene Warenzeichen. Der Verlag richtet sich im Wesentlichen nach den Schreibweisen der Hersteller. Das Werk einschließlich aller seiner Teile ist urheberrechtlich geschützt. Alle Rechte vorbehalten einschließlich der Vervielfältigung, Übersetzung, Mikroverfilmung sowie Einspeicherung und Verarbeitung in elektronischen Systemen.

Kommentare und Fragen können Sie gerne an uns richten:
O'Reilly Verlag
Balthasarstr. 81
50670 Köln
Tel.: 0221/9731600
Fax: 0221/9731608
E-Mail: kommentar@oreilly.de

Copyright der deutschen Ausgabe:
© 2004 by O'Reilly Verlag GmbH & Co. KG
1. Auflage 2004

Die Originalausgabe erschien 2004 unter dem Titel
SQL Pocket Guide bei O'Reilly Media, Inc.

Die Darstellung eines Salamanders im Zusammenhang mit dem Thema SQL ist ein Warenzeichen von O'Reilly Media, Inc.

Oracle® und alle Oracle-basierten Warenzeichen und Logos sind Warenzeichen oder eingetragene Warenzeichen der Oracle Corporation in den Vereinigten Staaten und in anderen Ländern. SQL Server® und alle Microsoft-basierten Warenzeichen und Logos sind Warenzeichen oder eingetragene Warenzeichen von Microsoft, Inc. in den Vereinigten Staaten und in anderen Ländern. DB2® und alle IBM-basierten Warenzeichen und Logos sind Warenzeichen oder eingetragene Warenzeichen der IBM Corporation in den Vereinigten Staaten und in anderen Ländern. Der O'Reilly Verlag ist unabhängig von der Oracle Corporation, Microsoft, Inc. und der IBM Corporation.

Bibliografische Information Der Deutschen Bibliothek
Die Deutsche Bibliothek verzeichnet diese Publikation in der Deutschen Nationalbibliografie; detaillierte bibliografische Daten sind im Internet über *http://dnb.ddb.de* abrufbar.

Übersetzung und deutsche Bearbeitung: Lars Schulten, Köln
Lektorat: Alexandra Follenius, Köln
Fachgutachten: Dr. Wolfgang Gabriel, Leinfelden-Echterdingen
Korrektorat: Sibylle Feldmann, Düsseldorf
Satz: G&U e.Publishing Services GmbH, Flensburg
Umschlaggestaltung: Ellie Volckhausen & Melanie Wang, Boston
Produktion: Karin Driesen, Köln
Druck: fgb freiburger graphische betriebe; www.fgb.de

ISBN 3-89721-268-4

Dieses Buch ist auf 100% chlorfrei gebleichtem Papier gedruckt.

Inhalt

Einführung 7
   Der Aufbau dieses Buchs 8
   Feedback erwünscht! 9
   Konventionen 9
   Danksagungen 10
   Beispieldaten 10

CASE-Ausdrücke 13
   Einfache CASE-Ausdrücke 13
   Durchsuchte CASE-Ausdrücke 14

CAST: Datentyp-Umwandlungen 15
   Die ANSI/ISO CAST-Funktion 16
   Die ANSI/ISO EXTRACT-Funktion 17
   Datums-/Zeitwert-Umwandlungen (Oracle) 18
   Numerische Umwandlungen (Oracle) 22
   Verschiedene Umwandlungen (Oracle) 24
   Datums-/Zeitwert-Umwandlungen (DB2) 25
   Numerische Umwandlungen (DB2) 28
   Verschiedene Umwandlungen (DB2) 30
   Datums-/Zeitwert-Umwandlungen (SQL Server) 30
   Numerische Umwandlungen (SQL Server) 34
   Verschiedene Umwandlungen (SQL Server) 36
   Datums-/Zeitwert-Umwandlungen (MySQL) 36
   Numerische Umwandlungen (MySQL) 41

DELETE: Daten löschen **42**
    Alle Zeilen löschen 43
    Aus Views und Unterabfragen löschen 44
    Aus Partitionen löschen (Oracle) 45
    Gelöschte Daten zurückliefern (Oracle) 45
    Doppel-FROM (SQL Server) 46

Flashback-Abfragen (Oracle) **47**

Funktionen **48**
    Datumsfunktionen 49
    Numerische und mathematische Funktionen 56
    Trigonometrische Funktionen 58
    String-Funktionen 59
    Verschiedene Funktionen (Oracle) 64

Gruppieren und Zusammenfassen **64**
    Aggregatfunktionen 65
    GROUP BY 66
    Nützliche GROUP BY-Techniken 68
    HAVING 69
    GROUP BY-Erweiterungen (Oracle) 70
    GROUP BY-Erweiterungen (SQL Server) 73

Hierarchische Abfragen **75**
    Das rekursive ANSI/ISO WITH (DB2) 75
    CONNECT BY-Syntax (Oracle) 77

INSERT: Daten einfügen **81**
    Eine Zeile einfügen 81
    Ziele für INSERT-Operationen 83
    Einfügen mit Unterabfragen 83
    Direct-Path-Inserts (Oracle) 84
    Eingefügte Werte zurückliefern (Oracle) 84
    Multi-Table-Inserts (Oracle) 85

Joins: Tabellen verknüpfen **87**
    Join-Grundlagen 87
    Cross Joins 89
    Inner Joins 89
    Nicht-Equi-Joins 93
    Outer Joins 94

Literale **98**
    Text-Literale 98
    Numerische Literale 100
    Datums-/Zeit-Literale 100
    Datums-/Zeit-Intervall-Literale 101

MERGE: Daten zusammenführen **101**

NULL-Werte **103**
    Prädikate für NULL-Werte 103
    CASE und NULL-Werte 104
    Funktionen für NULL-Werte (Oracle) 105
    Funktionen für NULL-Werte (DB2) 106
    Funktionen für NULL-Werte (SQL Server) 106
    Funktionen für NULL-Werte (MySQL) 106

Prädikate **107**
    Vergleichsprädikate für Gruppen 108
    Mehrere Werte auf der linken Seite (Oracle) 109
    EXISTS-Prädikate 110
    IN-Prädikate 110
    BETWEEN-Prädikate 111
    LIKE-Prädikate 111

Reguläre Ausdrücke **113**
    Reguläre Ausdrücke (Oracle) 113
    Reguläre Ausdrücke (SQL Server) 115
    Reguläre Ausdrücke (MySQL) 116

Rekursive Abfragen **117**

SELECT: Daten auswählen **117**
    Die SELECT-Klausel 118
    ALL und DISTINCT 126
    Die FROM-Klausel 128
    Die WHERE-Klausel 131
    Die GROUP BY-Klausel 131
    Die HAVING-Klausel 132
    Die ORDER BY-Klausel 132

Transaktionsverwaltung **133**
    Autocommit-Modus 133
    Eine Transaktion starten 134
    Eine Transaktion beenden 137
    Eine Transaktion abbrechen 138
    Eine Transaktion bis zu einem Savepoint abbrechen 139

Union-Abfragen **140**
    UNION und UNION ALL 140
    Auswertungsreihenfolge 142
    EXCEPT (oder MINUS) 143
    INTERSECT 145

Unterabfragen **146**
    Die WITH-Klausel 147
    WITH mit korrelierten Unterabfragen 149

UPDATE: Daten aktualisieren **150**
    Einfache Updates 151
    Neue Werte aus einer Unterabfrage 151
    Aktualisieren über einen Cursor 152
    Views und Unterabfragen aktualisieren 153
    Eine Partition aktualisieren (Oracle) 153
    Aktualisierte Daten zurückliefern (Oracle) 153
    Die UPDATE FROM-Klausel (SQL Server) 154

Index **155**

SQL – kurz & gut

Einführung

Dieses Buch hat sich zum Ziel gesetzt, die nützlichsten Informationen zu SQL in einem Handbuch im Taschenbuchformat zusammenzufassen. Es beschreibt SQL-Anweisungen zur Datenmanipulation und zur Transaktionssteuerung – die Anweisungen, die von Programmierern am häufigsten verwendet werden. Es beschreibt außerdem die wichtigsten SQL-Funktionen, wie jene, die zur Umwandlung von Daten genutzt werden.

Obwohl SQL von ANSI- und ISO-Standards definiert wird, ist es weit davon entfernt, standardisiert zu sein, und wird bei unterschiedlichen Datenbank-Plattformen manchmal mit erheblichen Unterschieden implementiert. Die Informationen in diesem Buch behandeln drei weit verbreitete kommerzielle Datenbank-Plattformen – Oracle, IBM DB2 und Microsoft SQL Server – sowie die Open Source-Plattform MySQL. Trotzdem funktioniert die in diesem Buch vorgestellte Syntax nicht immer auf allen Plattformen. Ich werde im ganzen Buch versuchen, alle plattformspezifischen Syntaxformen anzuzeigen, die ich vorstelle.

Die Beispiele in diesem Buch wurden anhand folgender Versionen entwickelt:

Oracle Database 10g
IBM DB2 Universal Database Version 8.1
Microsoft SQL Server 2000
MySQL 4.1.1-alpha-standard

Bei einigen der in diesem Buch beschriebenen Features kann es sein, dass diese in früheren Versionen der Produkte nicht verfügbar sind. Falls Sie Probleme damit haben, ein bestimmtes Feature wie gezeigt ans Laufen zu bringen, sollten Sie die Dokumentation zu Ihrer Datenbank konsultieren, um zu prüfen, ob das Feature in der Version der Datenbank-Software unterstützt wird, die Sie verwenden.

Der Aufbau dieses Buchs

Dieses Buch beginnt mit der Einführung, die Sie gerade lesen. Sie gibt einen Überblick über den Inhalt und beschreibt die für die Beispiele in diesem Buch verwendeten Beispieldaten sowie die typografischen Konventionen. Die auf die Einführung folgenden Abschnitte erläutern die wichtigsten Funktionsbereiche von SQL, einschließlich Datentyp-Umwandlungen, Löschen von Daten, Funktionen, NULL-Werten, Auswahl von Daten, Sortieren von Daten und Unterabfragen.

Diese Themen sind alphabetisch angeordnet, und die Abschnittüberschriften wurden so gewählt, dass sie den entsprechenden SQL-Schlüsselwörtern entsprechen. Wenn Sie Hilfe beim Schreiben eines Joins benötigen, sollten Sie das Buch schnell durchblättern und den entsprechenden Abschnitt mit dem Titel »Joins: Tabellen verknüpfen« zwischen »INSERT: Daten einfügen« und »Literale« lesen. Konsultieren Sie das Inhaltsverzeichnis und/oder den Index, wenn Sie das, was Sie benötigen, nicht direkt finden können.

Innerhalb eines jeden Abschnitts wird die Syntax in der Regel durch Beispiele illustriert, nicht mit komplexen Sprachdiagrammen. Ich habe obskure und weniger häufig verwendete Syntaxformen im Hinblick auf bessere Lesbarkeit und mehr Übersichtlichkeit übergangen. Benötigen Sie jedoch umfassendere und verlässliche Erläuterungen, sollten Sie das SQL-Handbuch zu Ihrer Datenbank-Plattform oder *SQL in a Nutshell* (O'Reilly Verlag) zu Rate ziehen.

Feedback erwünscht!

Ich würde mich über Ihr Feedback zum Inhalt dieses Buchs sehr freuen. Es ist schwierig, so etwas Gewaltiges wie SQL zu nehmen und es in ein Buch im Westentaschenformat zu packen. Beim Schreiben dieses Buchs habe ich versucht, mich auf die Leserschaft zu konzentrieren, die ich erreichen möchte: Programmierer, die mit SQL vertraut sind und ihr Gedächtnis hinsichtlich einer Syntaxform oder ihrer Verwendung auffrischen müssen.

Meine Hoffnung war, all die vielen kleinen Dinge (z.B. Funktionsparameter) abzudecken, die man so schnell vergisst und immer wieder nachschlagen muss, wenn man SQL schreibt. Lassen Sie mich wissen, wie gut oder schlecht es mir gelungen ist, dieses Ziel zu erreichen. Suchen Sie also vergeblich nach einer bestimmten Information, von der Sie denken, dass sie eigentlich in dieses Buch gehört, schicken Sie mir einfach eine (englischsprachige) E-Mail. Sie erreichen mich unter:

jonathan@gennick.com

Ich werde alle Kommentare, die ich erhalte, in Betracht ziehen, wenn ich die zweite Auflage vorbereite.

Konventionen

In diesem Buch werden die folgenden typografischen Konventionen verwendet:

GROSSBUCHSTABEN
: Zeigen ein SQL-Schlüsselwort an.

kleinbuchstaben
: Zeigen ein benutzerdefiniertes Element wie einen Tabellen- oder Spaltennamen in einer SQL-Anweisung an.

Kursiv
: Zeigt eine Hervorhebung oder die Einführung eines neuen Fachbegriffs an.

Nichtproportionalschrift
: Wird für Programmbeispiele und im Text für Verweise auf Tabellen-, Spaltennamen, Ausdrücke und Ähnliches verwendet.

Nichtproportionalschrift fett
: Zeigt Benutzereingaben in Programmbeispielen an, die Eingaben und Ausgaben wiedergeben.

Nichtproportionalschrift kursiv
: Zeigt Syntaxelemente an, die Sie angeben müssen, wenn Sie eine Anweisung oder eine Funktion ausführen.

[ ] wird in Syntaxbeschreibungen verwendet, um optionale Elemente anzuzeigen.

{ } wird in Syntaxbeschreibungen verwendet, um eine erforderliche Auswahl anzuzeigen.

| wird in Syntaxbeschreibungen verwendet, um die Auswahlelemente abzugrenzen.

Danksagungen

Ich möchte mich bei folgenden Menschen herzlich für ihre Unterstützung, Ermutigung und Hilfe bedanken: Debby Russell, Donna, Jenny und Jeff Gennick, Andrew und Aaron Sears, Ted Rexstrew, Fred Zemke, Jim Melton, John Haydu, Ari Mozes, Tugrul Bingol, Arup Nanda, Vladimir Begun, Doug Doole, Peter Linsley, Tanel Poder, Grant Allen, K. Gopalakrishnan, April Wells, Brand Hunt, Chris Eaton, Dias Costa, John Blake, Nuno Souto, Stephen Lee, Don Bales und Chris Kempster.

Beispieldaten

Alle Beispiel-SQL-Anweisungen in diesem Buch werden auf einer Reihe von Tabellen und Daten ausgeführt, die Sie von der Katalogseite zu diesem Buch unter *http://www.oreilly.de/catalog/sqlprger* herunterladen können. Die Tabellen werden in den folgenden Abschnitten beschrieben. Um die Daten zu sehen, müssen

Sie die Skripten herunterladen. Jedes Skript legt die Tabellen und Daten für jede der Plattformen an.

Das Attraktionen-Beispiel

Eine Gruppe von drei Tabellen enthält Informationen zu Touristenattraktionen in der nördlichen Hälfte der Michigan-Halbinsel. Abbildung 1 illustriert die Beziehungen zwischen den Tabellen.

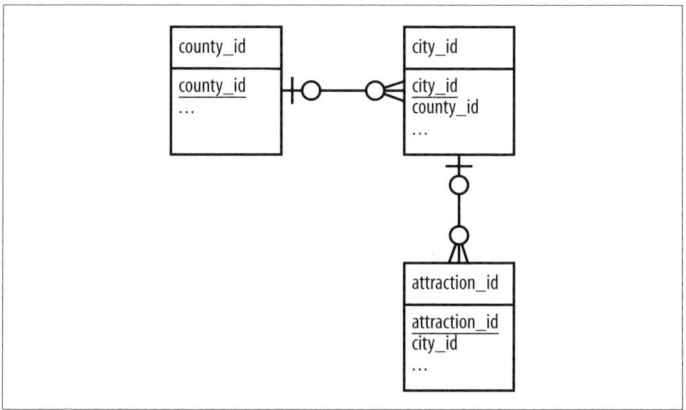

Abbildung 1: Beziehungen zwischen den Attraktionen-Tabellen

Das CD-Beispiel

Drei Tabellen enthalten Informationen zu Musikern, ihren Alben und den Songs auf diesen Alben. Abbildung 2 zeigt, wie diese Tabellen in Beziehung stehen.

Das Kontakt-Beispiel

Zwei Tabellen verfolgen, über welche Zeiträume Angestellte mit bestimmten Chemikalien in Kontakt kamen, und erläutern einige Fragen hinsichtlich zeitbezogener Daten. Abbildung 3 zeigt die Beziehungen der Tabellen.

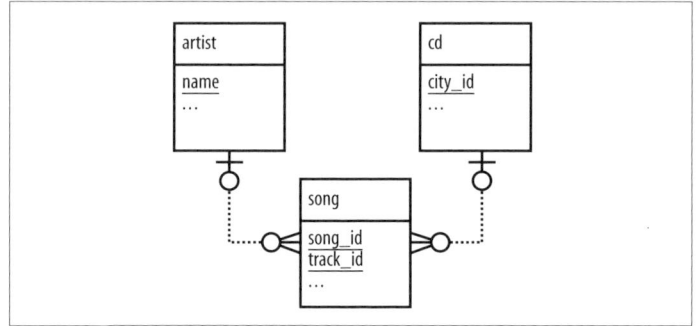

Abbildung 2: Beziehungen zwischen den CD-Tabellen

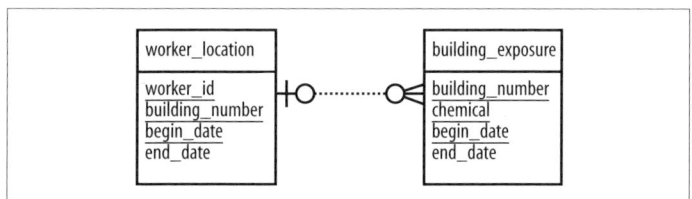

Abbildung 3: Beziehungen zwischen den Kontakt-Tabellen

Das Materialliste-Beispiel

Beispiele für rekursive Abfragen werden mit Hilfe des Material-rechnungs-Szenarios illustriert, das in Abbildung 4 dargestellt wird.

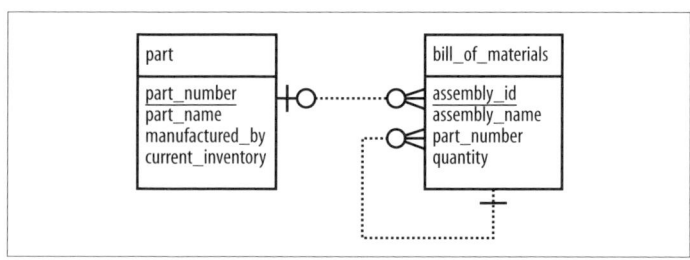

Abbildung 4: Beziehungen zwischen den Materialliste-Tabellen

Die Pivot-Tabelle

Einige SQL-Beispiele in diesem Buch nutzen eine *Pivot-Tabelle*. Das ist nichts anderes als eine Tabelle mit nur einer Spalte, die sequenziell nummerierte Zeilen enthält. In diesem Fall sind das 1.000 Zeilen. Beispiel 1 zeigt, wie Sie die Pivot-Tabelle in einer Oracle-Datenbank anlegen.

Beispiel 1: SQL-Anweisung zur Erzeugung einer Pivot-Tabelle

```
CREATE TABLE pivot (
   x NUMBER
   );
```

CASE-Ausdrücke

Mit CASE-Ausdrücken können Sie in Ihren SQL-Anweisungen eine if-then-else-Funktionalität implementieren. Sie können sie nutzen, um kodierte Werte in etwas umzuwandeln, das für Menschen besser lesbar ist, um Funktionen bedingt auszuführen, und zu vielem anderen mehr.

TIPP

Oracles DECODE-Funktion, die im Abschnitt »NULL-Werte« kurz beschrieben wird, kann auch verwendet werden, um in SQL-Anweisungen eine if-then-else-Logik zu implementieren. Wenn möglich, sollten Sie aber trotzdem CASE einsetzen, weil CASE ein ANSI/ISO-Standard ist.

Einfache CASE-Ausdrücke

Mit einfachen CASE-Ausdrücken können Sie eine Werteliste mit einer Liste von Alternativen verknüpfen:

```
CASE Wert0
   WHEN Wert1 THEN Rückgabe1
   [WHEN Wert2 THEN Rückgabe2
   ...]
   [ELSE Rückgabe_andernfalls]
END
```

Zum Beispiel:

```
SELECT attraction_name,
       CASE government_owned
           WHEN 'Y' THEN 'Public'
           WHEN 'N' Then 'Private'
           ELSE 'Bad code'
       END
FROM attraction;

ATTRACTION_NAME                       CASEGOVE
------------------------------------- --------
Pictured Rocks                        Public
Valley Spur                           Public
Shipwreck Tours                       Private
```

Einfache CASE-Ausdrücke sind nützlich, wenn Sie einen Eingabewert über eine Gleichheitsbedingung unmittelbar mit einer
WHEN-Klausel verknüpfen können.

Beachten Sie, dass der Ausdruck NULL zurückliefert, wenn keine
WHEN-Klausel erfüllt wird und kein ELSE angegeben wurde.

Durchsuchte CASE-Ausdrücke

Mit durchsuchten (searched) CASE-Ausdrücken können Sie eine
Liste alternativer Rückgabewerte mit einer Liste von TRUE/
FALSE-Bedingungen verknüpfen. Die erste WHEN-Klausel, deren
Bedingung mit TRUE ausgewertet wird, ist die, die ausgeführt
wird:

```
CASE
    WHEN Bedingung1 THEN Rückgabe1
    [WHEN Bedingung2 THEN Rückgabe2
    ...]
    [ELSE Rückgabe_andernfalls]
END
```

Zum Beispiel:

```
SELECT COUNT(*), CASE
    WHEN c.city_name IN ('Munising', 'Germfask')
        THEN 'Munising area'
    WHEN c.city_name IN ('Marquette', 'Ishpeming')
        THEN 'Marquette area'
```

```
    WHEN c.city_name IN ('Copper Harbor',
                         'Hancock', 'L''Anse')
      THEN 'Keweenaw area'
    ELSE 'Other areas'
    END
FROM city c INNER JOIN attraction a
    ON c.city_id = a.city_id
GROUP BY CASE
    WHEN c.city_name IN ('Munising', 'Germfask')
      THEN 'Munising area'
    WHEN c.city_name IN ('Marquette', 'Ishpeming')
      THEN 'Marquette area'
    WHEN c.city_name IN ('Copper Harbor',
                         'Hancock', 'L''Anse')
      THEN 'Keweenaw area'
    ELSE 'Other areas'
    END;

  COUNT(*) CASEWHENC.CITY
---------- --------------
         5 Keweenaw area
         5 Marquette area
         4 Munising area
         6 Other areas
```

Wie bei einfachen CASE-Ausdrücken wird NULL zurückgegeben, wenn keine Bedingung TRUE ist und kein ELSE angegeben wurde. Wenn mehrere Bedingungen TRUE ergeben, zählt nur die erste dieser Bedingungen.

CAST: Datentyp-Umwandlungen

Die Umwandlung von einem Datentyp in einen anderen – beispielsweise von einem String in einen numerischen Wert oder von einem numerischen Wert in einen Datums-Datentyp – kann entweder explizit oder implizit erfolgen. Implizite Typkonvertierungen können riskant sein. Beispielsweise kümmert sich Oracle um den Typunterschied zwischen city_id und dem String-Literal '1' in der folgenden Anweisung:

```
SELECT * FROM city
WHERE city_id = '1';
```

Aber werden in der hier gezeigten Anweisung city_id-Werte in Text umgewandelt, oder wird '1' in eine Zahl umgewandelt? Wissen Sie das ganz genau? Was sind die Auswirkungen bei einem Index-Zugriff? Gelten die Antworten für andere Datenbank-Hersteller?

Die folgenden Abschnitte beschreiben die Datentyp-Umwandlungen für jede Datenbank-Plattform – Oracle, DB2, SQL Server und MySQL. Lassen Sie uns trotzdem zunächst einen Blick auf die ANSI/ISO-Standard-Funktionen CAST und EXTRACT werfen.

Die ANSI/ISO CAST-Funktion

Der ANSI/ISO-Standard bietet die CAST-Funktion, die Ihnen explizite Steuerungsmöglichkeiten für Typumwandlungen verschafft. Um sicherzustellen, dass '1' in eine Zahl und nicht alle city_id-Werte in Strings umgewandelt werden, könnten Sie beispielsweise schreiben:

```
SELECT * FROM city
WHERE city_id = CAST('1' AS NUMBER);
```

Dieses Beispiel verwendet den Oracle-Datentyp NUMBER. Das allgemeine Format der CAST-Funktion ist:

```
CAST(Wert AS Datentyp)
```

Wenn *Wert* ein String ist, muss er der für Ihre Datenbank standardmäßigen Textdarstellung des Ziel-Datentyps entsprechen. In Oracle ist z.B. DD-MON-RR das Standardformat des Typs DATE. Deswegen würde die folgende Umwandlung funktionieren:

```
CAST('15-Nov-1961' AS DATE)
```

Hat jedoch Ihr Datum ein anderes Format, schlägt CAST fehl:

```
CAST('11-15-1961' AS DATE)
```

CAST kann auch genutzt werden, um etwas *in* einen Textwert umzuwandeln:

```
SELECT CAST(city_id AS VARCHAR2(10)), city_name
FROM city;
```

Bei der Umwandlung von Text in numerische Datentypen oder Datums-Datentypen bietet CAST nur wenig Flexibilität im Umgang mit unterschiedlichen Eingabedatenformaten. Alle Datenbanken, die in diesem Buch beschrieben werden, bieten erheblich robustere Funktionalitäten zur Umwandlung von Datentypen. Diese werde ich in den kommenden Abschnitten beschreiben.

HINWEIS

MySQL scheint besonders restriktiv in Bezug auf den Ziel-Datentyp eines CASTs zu sein, da es Ihnen nur eine Umwandlung in die folgenden Typen ermöglicht: BINARY, DATE, DATETIME, SIGNED INTEGER, TIME und UNSIGNED INTEGER.

Die ANSI/ISO EXTRACT-Funktion

ANSI/ISO bietet die folgende Funktion, um Werte aus einem Datums-/Zeitwert herauszuziehen:

```
EXTRACT(Element-Schlüsselwort FROM Datums-/Zeitwert)

Element-Schlüsselwort ::= {SECOND|MINUTE|HOUR
                           |DAY|MONTH|YEAR}
```

EXTRACT liefert immer einen numerischen Wert zurück. Das folgende MySQL-Beispiel nutzt EXTRACT, um den aktuellen Monatstag zurückzuliefern:

```
SELECT EXTRACT(DAY FROM CURRENT_DATE);
```

4

Oracle und MySQL unterstützen die EXTRACT-Funktion. Darüber hinaus unterstützt Oracle die folgenden zusätzlichen Elemente: TIMEZONE_HOUR, TIMEZONE_MINUTE, TIMEZONE_REGION und TIMEZONE_ABBR. Die zwei letzten Oracle-Elemente bilden eine Ausnahme und liefern String-Werte zurück.

Datums-/Zeitwert-Umwandlungen (Oracle)

Mit den folgenden Funktionen können Sie in Oracle Umwandlungen in und aus Datums-/Zeittypen vornehmen:

```
TO_CHAR({Datums-/Zeitwert|Intervall}, Format)
TO_DATE(String, Format)
TO_TIMESTAMP(String, Format)
TO_TIMESTAMP_TZ(String, Format)
TO_DSINTERVAL('D HH:MI:SS')
TO_YMINTERVAL('Y-M')
```

Wenn Sie eine Textdarstellung in einen Datums-/Zeitwert umwandeln, können Sie einen *Format*-String verwenden, um das Eingabeformat anzugeben. Wandeln Sie einen Datums-/Zeitwert in eine Textdarstellung um, können Sie einen *Format*-String verwenden, um das gewünschte Ausgabeformat anzugeben. In Tabelle 1 finden Sie eine Beschreibung der *Format*-String-Elemente.

Tabelle 1: Oracles Datumsformat-Elemente

Element	Beschreibung
AM or PM A.M. or P.M.	Angabe der Tageshälfte mit oder ohne Punkte.
BC or AD B.C. or A.D.	B.C.- oder A.D.-Angabe mit oder ohne Punkte.
CC	Jahrhundert. Nur Ausgabeformat.
D	Wochentag. NLS_TERRITORY legt fest, welcher Tag der Tag 1 ist.
DAY, Day oder day	Name des Tages. Groß-/Kleinschreibung folgt dem Format.
DD	Monatstag.
DDD	Tag des Jahres.
DL	Langes Datumsformat. Nur Ausgabeformat. Lässt sich nur mit TS kombinieren.
DS	Kurzes Datumsformat. Nur Ausgabeformat. Lässt sich nur mit TS kombinieren.
DY, Dy oder dy	Abgekürzter Name des Tages. Groß-/Kleinschreibung folgt dem Format.
E	Abgekürzter Ära-Name für Japanese Imperial-, ROC Official- und Thai Buddha-Kalender. Nur Eingabeformat.
EE	Vollständiger Ära-Name.

Tabelle 1: Oracles Datumsformat-Elemente (Fortsetzung)

Element	Beschreibung
FF, FF1...FF9	Sekundenbruchteile. Nur für TIMESTAMP-Werte. Geben Sie immer zwei Fs an. FF1...FF9 funktionieren ab Oracle10*g*.
FM	Schaltet die Unterdrückung von Leerzeichen in der Ausgabe einer Umwandlung ein bzw. aus.
FX	Erzwingt einen exakten Mustervergleich zwischen den Eingabedaten und dem Formatmodell.
HH oder HH12	Stunde des Tages von 1 bis 12. HH12 ist nur beim Ausgabeformat verwendbar.
HH24	Stunde des Tages von 0 bis 23.
IW	ISO-Woche des Jahres. Nur Ausgabeformat.
IYY oder IY oder I	Die letzten drei, zwei oder die letzte Ziffer des ISO-Standard-Jahres. Nur Ausgabeformat.
IYYY	ISO-Standard-Jahr. Nur Ausgabeformat.
J	Julianisches Datum. Der 1. Januar 4712 B.C. ist der Tag 1.
MI	Minuten.
MM	Monatsnummer.
MON, Mon oder mon	Abgekürzter Name des Monats. Groß-/Kleinschreibung folgt dem Format.
MONTH, Month oder month	Monatsname. Groß-/Kleinschreibung folgt dem Format.
Q	Quartal des Jahres. Nur Ausgabeformat.
RM	Römische Zahl für die Monatsnummer.
RR	Die letzten zwei Ziffern des Jahres. Fenster für die Jahrhundert-Elnordnung: 00–49/50–99.
RRRR	Vierstellige Jahresdarstellung. Auf Eingabeseite werden auch zwei Ziffern akzeptiert. Fenster für die Jahrhundert-Einordnung wie bei RR.
SCC	Jahrhundert. B.C.-Daten sind negativ. Nur Ausgabeformat.
SP	Suffix, das eine Zahl in die entsprechende ausgeschriebene Form umwandelt.
SPTH	Suffix, das eine Zahl in die entsprechende ausgeschriebene und ordinale Form umwandelt.
SS	Sekunden.

Tabelle 1: Oracles Datumsformat-Elemente (Fortsetzung)

Element	Beschreibung
SSSSS	Sekunden seit Mitternacht.
SYEAR, SYear, syear	Das Jahr in Worten. B.C.-Daten sind negativ. Groß-/Kleinschreibung folgt dem Format. Nur Ausgabeformat.
SYYYY	Vierstelliges Jahr. B.C.-Daten sind negativ.
TH	Suffix, das eine Zahl in die ordinale Form umwandelt.
TS	Kurzes Zeitformat. Nur Ausgabeformat. Lässt sich nur mit DL oder DS kombinieren.
TZD	Abgekürzter Zeitzonenname. Nur Eingabeformat.
TZH	Zeitzonenverschiebung von UTC (Universal Coordinated Time) in Stunden.
TZM	Zeitzonenverschiebung von UTC in Minuten.
TZR	Zeitzonenregion.
W	Woche des Monats von 1 bis 5. Woche 1 beginnt am ersten Tag des Monats und endet am siebten. Nur Ausgabeformat.
WW	Woche des Jahres von 1 bis 53. Nur Ausgabeformat.
X	Lokales Wurzelzeichen, das verwendet wird, um das Dezimaltrennzeichen anzuzeigen. Im amerikanischen Englisch ist das der Punkt, im Deutschen das Komma.
Y,YYY	Vierstelliges Jahr mit einem Komma.
YEAR, Year, year	Jahr in Worten. Groß-/Kleinschreibung folgt dem Format. Nur Ausgabeformat.
YYY oder YY oder Y	Die letzten drei, zwei oder die letzte Ziffer des Jahres.
YYYY	Vierstelliges Jahr.

Die Funktionen TO_DSINTERVAL und TO_YMINTERVAL, die genutzt werden, um Intervalltypen umzuwandeln, sind Ausnahmen, weil sie, wie in der vorangehenden Liste dargestellt, nur ein Eingabeformat unterstützen.

In allen Fällen sind die *Format*-Strings optional. Sie können sie weglassen, wenn ihr Eingabewert den folgenden Standardformaten entspricht:

• NLS_DATE_FORMAT für Datumswerte

- NLS_TIMESTAMP_FORMAT für Timestamp-Werte
- NLS_TIMESTAMP_TZ_FORMAT für Timestamps mit Zeitzonen

Sie können den View NLS_SESSION_PARAMETERS abfragen, um Ihre NLS-Einstellungen zu prüfen.

Im Folgenden sehen Sie einige Beispiel-Umwandlungen:

```
SELECT chemical FROM building_exposure
WHERE building_number = 2
AND begin_date
    >= TO_DATE('Apr 27, 1998','Mon dd, yyyy');

SELECT chemical FROM building_exposure
WHERE building_number = 2
AND begin_date
    >= TO_DATE('27-Apr-1998 8:00 AM',
               'dd-mon-yyyy hh:mi am');

SELECT chemical,
       TO_CHAR(begin_date,
               'Month dd, yyyy hh:mi PM')
FROM building_exposure
WHERE building_number = 2;
```

Mit Ausnahme der Funktionen zur Umwandlung von Intervallen akzeptieren alle Funktionen ein drittes (optionales) String-Argument namens *NLS-Param* mit folgendem Inhalt:

```
NLS_DATE_LANGUAGE=Sprache
```

Damit können Sie die Sprache festlegen, die für Monatsnamen usw. verwendet wird. Eine Liste der gültigen Sprachen finden Sie in Appendix A des *Oracle Database Globalization Support Guide*.

TO_YMINTERVAL akzeptiert keinen *NLS-Param*-Parameter. TO_DSINTERVAL akzeptiert einen der folgenden Form, scheint ihn aber zu ignorieren (dabei gibt *d* ein Dezimaltrennzeichen an und *g* ein Gruppentrennzeichen an):

```
NLS_NUMERIC_CHARACTERS=dg
```

Schließlich bietet Oracle außerdem noch die folgenden beiden Funktionen, um Intervallwerte aus numerischen Werten zu erzeugen:

```
NUMTODSINTERVAL(Zahl, Einheit)
```
Wandelt die Eingabezahl in einen INTERVAL DAY TO SECOND-Wert um. Der Einheit-Parameter kann 'DAY', 'HOUR', 'MINUTE' oder 'SECOND' sein.

```
NUMTOYMINTERVAL(Zahl, Einheit)
```
Wandelt die Eingabezahl in einen INTERVAL YEAR TO MONTH-Wert um. Der Einheitparameter kann entweder 'YEAR' oder 'MONTH' sein.

Numerische Umwandlungen (Oracle)

Verwenden Sie in Oracle die folgenden Funktionen, um Umwandlungen in die und aus den unterstützten numerischen Datentypen durchzuführen:

```
TO_NUMBER(String, Format)
TO_CHAR(Zahl, Format)

TO_BINARY_DOUBLE(Zahl)
TO_BINARY_FLOAT(Zahl)
TO_NUMBER(Zahl)

TO_BINARY_DOUBLE(String, Format)
To_binary_float(String, Format)
```

Tabelle 2 führt die numerischen Format-Elemente auf, die von diesen Funktionen unterstützt werden.

Tabelle 2: Oracles numerische Format-Elemente

Element	Beschreibung
$	Präfix: Dollarzeichen ($).
, (Komma)	Gibt den Ort des Kommas als Gruppentrennzeichen an. Sie sollten erwägen, stattdessen G zu verwenden.
. (Punkt)	Gibt den Ort des Punkts als Dezimaltrennzeichen an. Sie sollten erwägen, stattdessen D zu verwenden.
0	Signifikante Stelle. Führende Nullen werden als Nullen angezeigt.
9	Signifikante Stelle. Führende Nullen werden als Leerzeichen angezeigt.
B	Präfix: Liefert einen Null-Wert als Leerzeichen zurück.

Tabelle 2: Oracles numerische Format-Elemente (Fortsetzung)

Element	Beschreibung
C	Legt den Ort des ISO-Währungssymbols fest.
D	Legt den Ort des Dezimalpunkts fest.
EEEE	Suffix: Wissenschaftliche Notation wird verwendet.
FM	Präfix: Führende/anhängende Leerzeichen werden entfernt.
G	Legt den Ort des Gruppentrennzeichens fest.
L	Legt den Ort des lokalen Währungssymbols fest.
MI	Suffix: Anhängendes Minuszeichen (−).
PR	Suffix: Spitze Klammern (< und >) um negative Werte.
RN oder rn	Römische Zahlen, Groß- oder Kleinbuchstaben. Nur Ausgabeformat.
S	Präfix: Führendes Plus (+) oder Minuszeichen (−).
TM, TM9, TME	Präfix: Es wird die kleinstmögliche Anzahl von Zeichen verwendet (Text-Minimum). Nur Ausgabeformat. TM9 liefert eine dezimale Notation, TME die wissenschaftliche.
U	Legt den Ort des Euro-Zeichens (€) fest.
V	Multipliziert die Zahl links des Vs im Formatmodell mit 10 hoch n. Dabei entspricht n der Anzahl von 9en, die im Formatmodell hinter dem V stehen.
X	Es wird die hexadezimale Notation verwendet. Nur Ausgabeformat. Stellen Sie ihm 0en voran, um führende Nullen zu erhalten. Stellen Sie ihm FM voran, um führende/anhängende Leerzeichen abzuschneiden.

Nutzen Sie TO_NUMBER und TO_CHAR (die einzigen beiden Funktionen, die es schon vor Oracle10g gab), um Umwandlungen zwischen NUMBER und VARCHAR2 durchzuführen:

```
SET SERVEROUTPUT ON
DECLARE
    x NUMBER;
    y NUMBER;
    z NUMBER;
BEGIN
    x := TO_NUMBER('12.34','999D99');
    y := TO_NUMBER('1.2345E+2','9.9999EEEE');
    z := TO_NUMBER('9876543.21');

    DBMS_OUTPUT.PUT_LINE(
        TO_CHAR(x,'099.99'));
```

```
    DBMS_OUTPUT.PUT_LINE(
        TO_CHAR(y,'9.9EEEE'));
    DBMS_OUTPUT.PUT_LINE(
        TO_CHAR(z,'$999G999G999D99'));
    DBMS_OUTPUT.PUT_LINE(
        TO_CHAR(1961,'RN'));
END;
/

012.34
1.2E+02
$9,876,543.21
MCMLXI
```

Oracle10g wurde um eine Unterstützung für die 32- und 64-Bit-IEEE 754-Fließkommatypen BINARY_FLOAT und BINARY_DOUBLE erweitert. Neue Umwandlungsfunktionen unterstützen diese Typen:

```
SELECT TO_BINARY_FLOAT('12.34','999D99')
FROM dual;

SELECT TO_BINARY_DOUBLE('1.2345E+2','9.9999EEEE')
FROM dual;
```

Sie können die Umwandlungsfunktionen auch verwenden, um nach Belieben Umwandlungen zwischen den verschiedenen numerischen Typen durchzuführen:

```
DECLARE
    x NUMBER := 1;
    y BINARY_FLOAT;
    z BINARY_DOUBLE;
BEGIN
    y := TO_BINARY_FLOAT(x);
    z := TO_BINARY_DOUBLE(y);
    x := TO_NUMBER(z);
    DBMS_OUTPUT.PUT_LINE(x);
END;
/
```

Verschiedene Umwandlungen (Oracle)

Zur Umwandlung von LOB- oder Textdaten in CLOB bzw. NCLOB können Sie folgende Funktionen verwenden:

```
TO_CLOB({Lob|Text})
TO_NCLOB({Lob|Text})
```

Um Umwandlungen in den Datenbank- bzw. den nationalen Zeichensatz durchzuführen, können Sie die folgenden Funktion verwenden:

```
TO_CHAR({Nchar|Clob|Nclob})
TO_NCHAR({Char|Clob|Nclob})
```

Um Umwandlungen zwischen Ein-Byte-Zeichen und ihren Multi-Byte-Entsprechungen vorzunehmen, können Sie diese Funktionen verwenden:

```
TO_MULTI_BYTE(String)
TO_SINGLE_BYTE(String)
```

Verwenden Sie TO_LOB wie folgt, um LONG- und LONG RAW-Werte in BLOB bzw. CLOB umzuwandeln:

```
INSERT INTO Zieltabelle (Blob-Spalte, Clob-Spalte)
    SELECT TO_LOB(long_raw), TO_LOB(long)
    FROM Quelltabelle;
```

Auf diese Weise können Sie TO_LOB nur in der SELECT-Liste einer Unterabfrage einsetzen, die die Daten für eine INSERT-Anweisung auswählt.

Datums-/Zeitwert-Umwandlungen (DB2)

Sie können die folgenden Funktionen verwenden, um Umwandlungen in und aus Datumswerten, Zeitwerten und Timestamp-Werten durchzuführen. *Datums-/Zeitwert* in den Syntaxbeschreibungen kann DATE, TIME oder TIMESTAMP sein; *Datum* muss entweder ein DATE oder ein TIMESTAMP sein, *Zeit* entweder ein TIME oder ein TIMESTAMP. *Timestamp* muss ein TIMESTAMP sein.

```
BIGINT(Datums-/Zeitwert)
CHAR(Datums-/Zeitwert, [ISO|USA|EUR|JIS|LOCAL])
DATE(Datum)
DATE(Integer)
DATE('yyyyyddd')
DAY(Datum)
DAYNAME(Datum)
```

```
DAYOFWEEK(Datum)
DAYOFWEEK_ISO(Datum)
DAYOFYEAR(Datum)
DAYS(Datum)
DECIMAL(Datums-/Zeitwert[,Maßstab[,Genauigkeit]])
HOUR(Zeit)
JULIAN_DAY(Datum)
MICROSECOND(Timestamp)
MIDNIGHT_SECONDS(Zeit)
MINUTE(Zeit)
MONTH(Datum)
MONTHNAME(Datum)
QUARTER(Datum)
SECOND(Zeit)
TIME(Zeit)
TIMESTAMP(Timestamp)
TIMESTAMP(Datum, Zeit)
TIMESTAMP('yyyymmddhhmiss')
TIMESTAMP_FORMAT(String, C)
TIMESTAMP_ISO(Datums-/Zeitwert)
TO_CHAR(String, 'YYYY-MM-DD HH24:MI:SS')
TO_DATE(String, 'YYYY-MM-DD HH24:MI:SS')
VARCHAR(Datums-/Zeitwert)
VARCHAR_FORMAT(Timestamp, 'YYYY-MM-DD HH24:MI:SS')
WEEK(Datum)
WEEK_ISO(Datum)
YEAR(Datum)
```

Das folgende Beispiel kombiniert die Verwendung einiger Funktionen, mit denen verschiedene Elemente aus einem DATE herausgezogen werden, um ein formatiertes Ergebnis zu erzeugen:

```
SELECT worker_id, building_number,
    MONTHNAME(begin_date) || ' '
    || RTRIM(CHAR(DAY(begin_date))) || ', '
    || RTRIM(CHAR(YEAR(begin_date))) begin_date
FROM worker_location;

WORKER_ID BUILDING_NUMBER BEGIN_DATE
--------- --------------- --------------------------
        1               1 November 15, 2000
        1               2 January 2, 2002
        2               1 December 26, 1995
        2               2 July 1, 1997
        2               3 December 31, 2001
```

Funktionen, die DATE-, TIME- oder TIMESTAMP-Argumente verlangen, akzeptieren auch Strings, die implizit in Werte dieser Typen umgewandelt werden können, zum Beispiel:

```
SELECT DATE('2003-11-7') ,
       TIME('21:25:00'),
       TIMESTAMP('2003-11-7 21:25:00.00')
FROM pivot
WHERE x =1;

1          2       3
---------- ------- --------------------------
11/07/2003 21:25:00 2003-11-07-21.25.00.000000
```

Mit der CHAR-Funktion können Sie DATE-, TIME- und TIMESTAMP-Werte auf unterschiedliche Weise formatieren. Entscheidend dabei ist das zweite Argument:

```
SELECT CHAR(current_date, ISO),
       CHAR(current_date, LOCAL),
       CHAR(current_date, USA)
FROM pivot
WHERE x=1;

1          2          3
---------- ---------- ----------
2003-11-06 11-06-2003 11/06/2003
```

Die DATE-Funktion kann einen Integer-Wert in ein DATE umwandeln. Integer-Werte zwischen 1 und 3.652.059 sind gültig. Dabei repräsentiert 1 1-Jan-0001. Mit der Funktion DAYS kann die Umwandlung in umgekehrter Richtung durchgeführt werden:

```
SELECT DATE(716194), DAYS('1961-11-15')
FROM pivot
WHERE x=1;

1          2
---------- -----------
11/15/1961     716194
```

Verwenden Sie die Funktion DECIMAL, um DATE-, TIME- und TIMESTAMP-Werte als Dezimalwerte der Formen *yyyymmdd*, *hhmmss* beziehungsweise *yyyymmddhhmmss.nnnnnn* zu erhalten:

```
SELECT DECIMAL(current_date),
       DECIMAL(current_time),
       DECIMAL(current_timestamp)
FROM pivot
WHERE x=1;

1           2         3
----------  --------  ---------------------
20031106.   213653.   20031106213653.088001
```

Die Funktion BIGINT liefert die gleichen Ergebnisse zurück wie
die Funktion DECIMAL. Der Unterschied ist, dass der Datentyp
der Rückgabewerte BIGINT ist.

Die Funktion JULIAN_DAY liefert die Anzahl der Tage seit 1-Jan-
4713 B.C. (das ist dasselbe wie 1-Jan im astronomischen Jahr –4712)
zurück. Dieser Tag gilt dabei als der Tag 0. Es gibt keine Funktion,
um eine Umwandlung in umgekehrter Richtung durchzuführen.

Numerische Umwandlungen (DB2)

Verwenden Sie die folgenden Funktionen, um Umwandlungen
zwischen den unterschiedlichen numerischen Typen oder zwischen numerischen Typen und Texttypen durchzuführen. Informationen zur Umwandlung zwischen Datums-/Zeittypen und numerischen Typen finden Sie unter »Datums-/Zeitwert-Umwand-
lungen (DB2)«. *Numerisch* in den Syntaxbeschreibungen kann jeder
numerische Typ oder Ausdruck sein, *Zeichen* jeder Zeichentyp-
oder Ausdruck fester oder variabler Länge, *Integer* jeder Integer-
Typ oder -Ausdruck und *Dezimal* jeder dezimale Typ oder Ausdruck.

```
BIGINT(Numerisch)
BIGINT(Zeichen)
CHAR(Integer)
CHAR(Dezimal [,Dezimaltrennzeichen])
CHAR(Fließkomma [,Dezimaltrennzeichen])
DECIMAL(Numerisch [,Genauigkeit[,Maßstab]])
DECIMAL(Zeichen [,Genauigkeit[,Maßstab
                 [,Dezimaltrennzeichen]]])
DOUBLE(Numerisch)
DOUBLE(Zeichen)
DOUBLE_PRECISION(Numerisch)
```

```
FLOAT(Numerisch)
REAL(Numerisch)
SMALLINT(Numerisch)
SMALLINT(Zeichen)
```

Jede Funktion wandelt ihr Argument in den durch den Funktionsnamen angegebenen Typ um. BIGINT wandelt also numerische Typen in den BIGINT-Typ oder eine Textdarstellung einer Zahl in ein BIGINT um.

Das folgende Beispiel zeigt, wie CHAR und DECIMAL eingesetzt werden, um Umwandlungen zwischen Zahlen und Strings durchzuführen:

```
SELECT CHAR(100.12345),
       CHAR(DECIMAL('100.12345',5,2))
FROM pivot
WHERE x=1;

1          2
---------- -------
100.12345  100.12
```

Die Standard-Genauigkeit von DECIMAL ist null, wenn eine Umwandlung aus einem String durchgeführt wird. Um in einem solchen Fall Ziffern rechts des Dezimaltrennzeichens zu erhalten, müssen Sie einen Maßstab angeben. Das zwingt Sie, zunächst eine Genauigkeit anzugeben. Es erfolgt keine Rundung. Um einen umzuwandelnden Wert zu runden, müssen Sie erst eine Genauigkeit und einen Maßstab angeben, die ausreichen, um den RAW-Wert aufzunehmen, und dann die ROUND-Funktion anwenden:

```
SELECT DECIMAL('10.999',4,2), DECIMAL('10.999',4),
       ROUND(DECIMAL('10.999',5,3),2)
FROM pivot
WHERE x=1;

1       2      3
------  ------  --------
 10.99  10.    11.000
```

Sie können den optionalen Parameter Dezimaltrennzeichen angeben, um das Zeichen für das Dezimaltrennzeichen festzulegen:

```
SELECT DECIMAL('10/95',4,2,'/'), CHAR(10.95,'/')
FROM pivot
```

```
WHERE x=1;

1       2
------  ------
 10.95  10/95
```

Im folgenden Beispiel wird ein String in ein DOUBLE und dann in ein BIGINT umgewandelt:

```
SELECT DOUBLE('10.95'), BIGINT(DOUBLE('10.95'))
FROM pivot
WHERE x=1;

1                            2
------------------------     --------------------
  +1.09500000000000E+001                       10
```

Bei einer Umwandlung in einen Integer-Typ wird jeder nicht-ganz-zahlige Anteil abgeschnitten.

Verschiedene Umwandlungen (DB2)

DB2 unterstützt folgende zusätzliche Umwandlungsfunktionen:

```
BLOB(Zeichen [,Länge])
CHAR(Zeichen [,Länge])
CLOB(Zeichen [,Länge])
DBCLOB(Grafik [,Länge])
LONG_VARCHAR(Zeichen)
VARCHAR(Zeichen [,Länge])
VARCHAR(Grafik [,Länge])
```

Datums-/Zeitwert-Umwandlungen (SQL Server)

In SQL Server stehen Ihnen die folgenden Optionen für Datums-/Zeitwert-Umwandlungen zur Verfügung. Sie können die Funktion CONVERT verwenden, um Datums-/Zeitwerte in Strings umzuwandeln. Aber CONVERT unterstützt nur eine beschränkte Anzahl von Ausgabeformen. Wenn Sie größere Flexibilität benötigen, können Sie die Funktionen DATENAME und DATEPART nutzen. SQL Server bietet auch Funktionen, um das Datums-/Zeitformat zu setzen und um Jahres-, Monats- und Tageswerte aus Datumswerten herauszuziehen.

CAST und SET DATEFORMAT (SQL Server)

SQL Server unterstützt die ANSI/ISO CAST-Funktion und ermöglicht Ihnen, mit dem Befehl SET DATEFORMAT ein Datums-/ Zeitformat festzulegen:

```
SET DATEFORMAT mdy
SELECT CAST('1/12/2004' AS datetime)

2004-01-12 00:00:00.000

SET DATEFORMAT dmy
SELECT CAST('1/12/2004' AS datetime)

2004-12-01 00:00:00.000
```

Bei Datumsangaben in eindeutigen Formaten müssen Sie sich um die DATEFORMAT-Einstellung nicht unbedingt Sorgen machen:

```
SET DATEFORMAT dmy
SELECT CAST('12-Jan-2004' AS datetime)

2004-01-12 00:00:00.000
```

Bei der Verwendung von SET DATEFORMAT können Sie ein beliebiges der folgenden Argumente angeben: mdy, dmy, ymd, myd und dym.

CONVERT (SQL Server)

Für allgemeine Datums-/Zeitwert-Umwandlungen können Sie die CONVERT-Funktion einsetzen:

```
CONVERT(Datentyp[(länge)], Ausdruck[, Stil])
```

Das optionale Argument *Stil* ermöglicht Ihnen, bei Umwandlung in und aus Strings die Ziel- bzw. Quellformate der Datums-/Zeitwerte anzugeben. Tabelle 3 führt die unterstützten Stile auf.

Tabelle 3: Datums-/Zeitstile in SQL Server

Stil	Beschreibung
0, 100	Standard: mon dd yyyy hh:miAM (oder PM)
101[a]	USA: mm/dd/yyyy
102[a]	ANSI: yyyy.mm.dd

Tabelle 3: Datums-/Zeitstile in SQL Server (Fortsetzung)

Stil	Beschreibung
103[a]	Britisch/Französisch: dd/mm/yyyy
104[a]	Deutsch: dd.mm.yyyy
105[a]	Italienisch: dd-mm-yyyy
106[a]	dd mon yyyy
107[a]	mon dd, yyyy
108[a]	hh:mm:ss
9, 109	Standard mit Millisekunden: mon dd yyyy hh:mi:ss:mmmAM (oder PM)
110[a]	USA: mm-dd-yyyy
111[a]	Japanisch: yyyy/mm/dd
112[a]	ISO: yyyymmdd
13, 113	europäischer Standard mit Millisekunden und 24-Stunden-Uhr: dd mon yyyy hh:mm:ss:mmm
114[a]	hh:mi:ss:mmm mit einer 24-Stunden-Uhr
20, 120	ODBC-Standard, 24-Stunden-Uhr: yyyy-mm-dd hh:mi:ss
21, 121	ODBC-Standard mit Millisekunden, 24-Stunden-Uhr: yyyy-mm-dd hh:mi:ss.mmm
126	ISO8601 ohne Leerzeichen: yyyy-mm-yyThh:mm:ss:mmm
130	Kuwaiti: dd mon yyyy hh:mi:ss:mmmAM
131	Kuwaiti: dd/mm/yyyy hh:mi:ss:mmmAM

[a] Ziehen Sie für zweistellige Jahresangaben 100 ab.

Die folgenden Beispiele illustrieren Umwandlungen in und aus Datumswerten mit CONVERT:

```
SELECT CONVERT(
          VARCHAR,
          CONVERT(DATETIME, '15-Nov-1961', 106), 106)

-------------------------------
15 Nov 1961

SELECT CONVERT(
          VARCHAR,
          CONVERT(DATETIME,
                  'Nov 11 2003 07:25:00:000PM', 9), 126)

-------------------------------
2003-11-11T19:25:00
```

Verwenden Sie das Argument *Länge*, wenn Sie die Länge des resultierenden String-Typs festlegen wollen:

```
SELECT CONVERT(
        VARCHAR(11),
        CONVERT(DATETIME, '15-Nov-1961', 106), 106)
```

```
-----------
15 Nov 1961
```

Bei den meisten Stilnummern können Sie 100 abziehen, um zweistellige Jahresangaben zu unterstützen:

```
SELECT CONVERT(DATETIME, '1/1/50', 1)
```

```
-------------------------------------
1950-01-01 00:00:00.000
```

```
SELECT CONVERT(DATETIME, '49.1.1', 2)
```

```
-------------------------------------
2049-01-01 00:00:00.000
```

Beim Umgang mit zweistelligen Jahresangaben nimmt SQL Server das Jahr 2049 als Grenze. Jahre zwischen 50 und 99 werden als 1950 bis 1999 interpretiert, Jahre zwischen 00 und 49 als 2000 bis 2049. Dieses Verhalten können Sie im vorangehenden Beispiel sehen. Seien Sie sich dessen bewusst, dass Ihr DBA den Grenzwert mit der Konfigurationsoption two digit year cutoff ändern kann.

DATENAME und DATEPART (SQL Server)

Verwenden Sie die Funktionen DATENAME und DATEPART, um bestimmte Bestandteile aus Datums-/Zeitwerten herauszuziehen:

```
DATENAME(Datumsteil, Datums-/Zeitwert)
DATEPART(Datumsteil, Datums-/Zeitwert)
```

Der Unterschied zwischen den beiden Funktionen ist, dass DATENAME eine Textdarstellung eines Datums-/Zeitwert-Bestandteils zurückliefert und DATEPART eine numerische Darstellung:

```
SELECT DATENAME(month, GETDATE()),
       DATEPART(month, GETDATE())
```

```
-----------   ---
January        1
```

Einige Elemente wie year und day werden in beiden Fällen als Zahlen wiedergegeben. Die beiden Funktionen verschaffen Ihnen jedoch die Möglichkeit zu wählen, ob Sie einen String oder einen echten numerischen Wert erhalten wollen. Die beiden folgenden Funktionsaufrufe liefern das Jahr zurück, aber DATENAME liefert den String '2004', während DATEPART die Zahl 2004 liefert:

```
SELECT DATENAME(year, GETDATE()),
       DATEPART(year, GETDATE())
```

SQL Server unterstützt die folgenden *Datumsteil*-Schlüsselwörter: year, yy, yyyy, quarter, qq, q, month, mm, m, dayofyear, dy, y, day, dd, d, week, wk, ww, hour, hh, minute, mi, n, second, ss, s, millisecond, ms.

DAY, MONTH und YEAR (SQL Server)

SQL Server unterstützt außerdem einige Funktionen, um unmittelbar bestimmte Werte aus Datumswerten herauszuziehen:

```
DAY(Datums-/Zeitwert)
MONTH(Datums-/Zeitwert)
YEAR(Datums-/Zeitwert)
```

Zum Beispiel:

```
SELECT DAY(CURRENT_TIMESTAMP),
       MONTH(CURRENT_TIMESTAMP),
       YEAR(CURRENT_TIMESTAMP)


----------- ----------- -----------
11          11          2003
```

Betrachten Sie diese Funktionen als optimierte Versionen von DATEPART. Sie sind eine einfache Möglichkeit, numerische Tages-, Monats- und Jahreswerte aus einem Datums-/Zeitwert abzurufen.

Numerische Umwandlungen (SQL Server)

Verwenden Sie die Funktion CONVERT, um Umwandlungen in numerische und aus numerischen Werten durchzuführen:

```
CONVERT(Datentyp[(Länge)], Ausdruck[, Stil])
```

Tabelle 4 führt die Stile für die Umwandlung von FLOAT- und REAL-Werten in Zeichen-Strings auf. Tabelle 5 führt die Stile für die Umwandlung von MONEY- und SMALLMONEY-Werten in Zeichen-Strings auf.

Tabelle 4: SQL Server-Fließkomma-Stile

Stil	Beschreibung
0	Standard-Stil: 0–6 Stellen, wissenschaftliche Notation nur, wenn erforderlich
1	8 Stellen + wissenschaftliche Notation
2	16 Stellen + wissenschaftliche Notation

Tabelle 5: SQL Server-Money-Stile

Stil	Beschreibung
0	Money-Standard, keine Gruppentrennzeichen, 2 Nachkommastellen
1	Gruppentrennzeichen alle 3 Stellen, 2 Nachkommastellen
2	keine Gruppentrennzeichen, 4 Nachkommastellen

Die folgenden Beispiele zeigen Umwandlungen zwischen verschiedenen numerischen Typen:

```
SELECT CONVERT(VARCHAR, CAST(1.234567 AS REAL))

-------------------------------
1.23457

SELECT CONVERT(VARCHAR, CAST(1.234567 AS REAL), 0)

-------------------------------
1.23457

SELECT CONVERT(VARCHAR,
               CONVERT(FLOAT, '1.234567'), 1)

-------------------------------
1.2345670e+000
```

Hier sehen Sie ein Beispiel für eine Umwandlung mit einem MONEY-Typ:

```
SELECT CONVERT(
        VARCHAR,
        CONVERT(MONEY, '20999.95'), 1)

-------------------------------
20,999.95
```

Verschiedene Umwandlungen (SQL Server)

Für andere Umwandlungen als die im Vorangehenden beschriebenen können Sie entweder die CONVERT-Funktion oder den CAST-Ausdruck des ANSI-Standards verwenden.

Hier sehen Sie ein Beispiel, in dem CONVERT verwendet wird, um DECIMAL-Werte in BIGINTs umzuwandeln:

```
SELECT CONVERT(BIGINT, CAST(14 AS DECIMAL))

--------------------
14
```

Beispiele zu CAST finden Sie weiter oben im Abschnitt »Die ANSI/ISO CAST-Funktion«.

Datums-/Zeitwert-Umwandlungen (MySQL)

MySQL implementiert die in den folgenden Unterabschnitten kategorisierten Funktionen für Umwandlungen von Datums-/Zeittypen. MySQL unterstützt die ANSI/ISO EXTRACT-Funktion, die bereits beschreiben wurde, und das Casten von Strings zu Datums-/Zeittypen.

Datums- und Zeitelemente herausziehen (MySQL)

MySQL unterstützt die folgenden Funktionen, um bestimmte Bestandteile aus Datums- und Zeitwerten herauszuziehen:

```
DAYOFWEEK(Datum)
WEEKDAY(Datum)
DAYOFMONTH(Datum)
DAYOFYEAR(Datum)
MONTH(Datum)
DAYNAME(Datum)
MONTHNAME(Datum)
```

```
QUARTER(Datum)
WEEK(Datum)
WEEK(Datum, Erster)
YEAR(Datum)
YEARWEEK(Datum)
YEARWEEK(Datum,Erster)
HOUR(Zeit)
MINUTE(Zeit)
SECOND(Zeit)
```

Geben Sie z.B. Folgendes an, um das aktuelle Datum im dd-Monat-yyyy-Format zu erhalten:

```
SELECT CONCAT(DAYOFMONTH(CURRENT_DATE), '-',
        MONTHNAME(CURRENT_DATE), '-',
        YEAR(CURRENT_DATE));
```

2-January-2004

Bei Funktionen, die ein *Erster*-Argument akzeptieren, können Sie dieses Argument nutzen, um anzugeben, ob die Woche am Sonntag (*Erster* = 0) oder am Montag (*Erster* = 1) beginnen soll.

TO_DAYS und FROM_DAYS (MySQL)

Verwenden Sie TO_DAYS, um einen Datumswert in die Anzahl der Tage seit Beginn der christlichen Zeitrechnung (1-Jan-0001 wird als Tag 1 betrachtet) umzuwandeln:

```
SELECT TO_DAYS(CURRENT_DATE);
```

731947

Verwenden Sie FROM_DAYS für die Umwandlung in umgekehrter Richtung:

```
SELECT FROM_DAYS(731947);
```

2004-01-02

Eine mögliche Anwendung dieser Funktionen ist das Ermitteln der Anzahl von Tagen zwischen zwei Datumswerten:

```
SELECT TO_DAYS('2004-1-2')
    - TO_DAYS('1961-11-15');
```

15388

Diese Funktionen wurden für die Verwendung mit Gregoriani-
schen Datumswerten entworfen. Der erste Tag des gregoriani-
schen Kalenders ist der 15. Oktober 1582. Für Datumswerte, die
vor diesem Tag liegen, liefern TO_DAYS und FROM_DAYS keine
korrekten Ergebnisse.

Die Unix-Timestamp-Unterstützung (MySQL)

Verwenden Sie die folgenden Funktionen, um Umwandlungen in
und aus dem Unix-Timestamp-Format durchzuführen:

UNIX_TIMESTAMP([Datum])
> Liefert einen Unix-Timestamp zurück. Das ist ein vorzeichen-
> loser Integer, der die Anzahl an Sekunden seit dem 1. Januar
> 1970 wiedergibt. Geben Sie kein Argument an, erhalten Sie
> den aktuellen Timestamp. Das Datum-Argument kann ein
> DATE-String, ein DATETIME-String, ein TIMESTAMP oder
> eins ihrer numerischen Äquivalente sein.

FROM_UNIXTIME(Unix-Timestamp[, Format]
> Wandelt einen Unix-Timestamp in einen anzeigbaren Datums-
> und Zeitwert um. Optional kann dabei das von Ihnen angege-
> bene Format verwendet werden. In der weiter unten folgenden
> Tabelle 6 finden Sie eine Liste der gültigen Formatelemente.

Geben Sie z.B Folgendes an, um 19:18 am 4. Januar 2004 in die
Anzahl von Sekunden seit dem 1. Januar 1970 umzuwandeln:

```
SELECT UNIX_TIMESTAMP(20040104191800);
```

```
1073261880
```

Mit folgender Anweisung wandeln Sie diesen Timestamp in ein
lesbareres Format um:

```
SELECT FROM_UNIXTIME(1073261880, '%M %D, %Y at %h:%i:%r');
```

```
January 4th, 2004 at 07:18:00 PM
```

Das Argument Format ist optional. Das Standardformat für den
Datums-/Zeitwert dieses Beispiels ist 2004-01-04 19:18:00.

seconds-of-the-day (MySQL)

Wie mit den Unix-Timestamp-Funktionen, die auf Basis der Sekunden seit dem 1. Januar 1970 funktionieren, können Sie mit zwei weiteren MySQL-Funktionen auf Basis der Sekunden des Tages arbeiten:

SEC_TO_TIME(*Sekunden*)
> Wandelt die Sekunden seit Mitternacht in einen String der Form hh:mi:ss um.

TIME_TO_SEC(*Zeit*)
> Wandelt einen Zeitwert in die Sekunden seit Mitternacht um.

Zum Beispiel:

```
SELECT TIME_TO_SEC('19:18');
```

```
69480
```

```
SELECT SEC_TO_TIME(69480);
```

```
19:18:00
```

DATE_FORMAT und TIME_FORMAT (MySQL)

Über den Einsatz von *Format-Spezifizierern* bietet MySQL ein großes Maß an Flexibilität für die Umwandlung von Datums-/Zeitwerten in Zeichen-Strings:

```
SELECT DATE_FORMAT(CURRENT_DATE,
       '%W, %M %D, %Y');
```

```
Sunday, January 4th, 2004
```

Das zweite Argument von DATE_FORMAT ist ein Format-String. Format-Spezifizierer in diesem Format-String werden durch die entsprechenden in Tabelle 6 beschriebenen Datums-/Zeitwert-Bestandteile ersetzt. Andere Textbestandteile im Format-String, wie die Kommata und Leerzeichen in diesem Beispiel, werden an den entsprechenden Stellen als Bestandteil des Rückgabewerts der Funktion erhalten.

TIME_FORMAT funktioniert genau wie DATE_FORMAT, wird aber auf Zeitwerte angewandt.

Tabelle 6: MySQLs Datumsformat-Spezifizierer

Spezifizierer	Beschreibung
%a	Abgekürzter Wochentag: Sun, Mon, Tue, ...
%b	Abgekürzter Monatsname: Jan, Feb, Mar, ...
%c	Monatsnummer: 1, 2, 3, ...
%D	Monatstag mit Suffix: 1st, 2nd, 3rd, ...
%d	Zweistelliger Monatstag: 01, 02, 03, ...
%e	Monatstag: 1, 2, 3, ...
%f	Mikro-Sekunden: 000000–999999
%H	Stunden, zweistellig, 24-Stunden-Uhr: 00 ... 23
%h	Stunden, zweistellig, 12-Stunden-Uhr: 01 ...12
%I	Stunden (01..12)
%i	Minuten, numerisch (00..59)
%j	Tag des Jahres: 001 ... 366
%k	Stunden, 24-Stunden-Uhr: 0, 1, ... 23
%l	Stunden, 12-Stunden-Uhr: 1, 2, ... 12
%M	Monatsname: January, February, ...
%m	Monatsnummer: 01, 02, ... 12
%p	Tageshälfte: AM oder PM
%r	Tageszeit, 12-Stunden-Uhr, z.B. 12:15:05 PM
%S	Sekunden: 00, 01, ... 59
%s	Dasselbe wie %S
%T	Tageszeit, 24-Stunden-Uhr, z.B. 12:15:05 (für 12:15:05 PM)
%U	Woche mit Sonntag als erstem Wochentag: 00, 01, ... 53
%u	Woche mit Montag als erstem Wochentag: 00, 01, ... 53
%V	Woche mit Sonntag als erstem Wochentag, beginnend mit 01 (wird verwendet mit %X): 01, 02, ... 53
%v	Woche mit Montag als erstem Wochentag, beginnend mit 01 (wird verwendet mit %x): 01, 02, ... 53
%W	Name des Wochentags: Sunday, Monday, ...
%w	Numerischer Wochentag: 0=Sunday, 1=Monday, ...
%X	Jahr zur Woche, vierstellig, mit Sonntag als 1. Tag (wird verwendet mit %V)
%x	Jahr zur Woche, vierstellig, mit Montag als 1. Tag (wird verwendet mit %v)

Spezifizierer	Beschreibung
%Y	Vierstellige Jahresangabe: 2003, 2004, ...
%y	Zweistellige Jahresangabe: 03, 04, ...
%%	Setzt ein Prozentzeichen (%) in die Ausgabe

Numerische Umwandlungen (MySQL)

MySQL implementiert die folgenden Funktionen für numerische Umwandlungen:

CONV(*Zahl, von_Basis, zu_Basis*)
> Wandelt eine Zahl von einer Basis zu eine anderen Basis um. Die *Zahl* muss entweder ein Integer oder ein String sein, und die beiden Basen können im Bereich von 2 bis 36 liegen.

BIN(*Zahl*)
> Liefert die binäre Darstellung einer *Zahl* zur Basis 10.

OCT(*Zahl*)
> Liefert die oktale Darstellung einer *Zahl* zur Basis 10.

HEX(*Zahl*)
> Liefert die hexadezimale Darstellung einer *Zahl* zur Basis 10.

Zum Beispiel:

```
SELECT CONV('AF',16,10);
```

175

```
SELECT HEX(175);
```

AF

Für allgemeine Zahl zu String-Umwandlungen konnen Sie FOR-MAT verwenden. Das zweite Argument gibt die Anzahl von Nachkommastellen im Ergebnis an:

```
SELECT FORMAT(123456.789,2);
```

123,456.79

Verwenden Sie CAST, um einen String in eine Zahl umzuwandeln.

DELETE: Daten löschen

Mit Hilfe der DELETE-Anweisung löschen Sie Zeilen aus einer Tabelle. Die allgemeine Syntax ist:

```
DELETE
FROM Datenquelle
WHERE Prädikate
```

DB2 und SQL Server erlauben auch:

```
DELETE
FROM Datenquelle
WHERE CURRENT OF Cursor
```

Die *Datenquelle* für ein DELETE ist häufig eine Tabelle, aber es sind auch andere Zieltypen möglich. Letztlich werden jedoch immer Daten aus einer Tabelle gelöscht.

TIPP

Wenn Sie mir folgen, indem Sie die Anweisungen ausführen, die ich in den Beispielen verwende, empfehle ich Ihnen, nach jedem Beispiel oder jeder Gruppe zusammenhängender Beispiele ein ROLLBACK auszuführen.[1] So bleiben Ihre Daten intakt für die Ausführung kommender Beispiele.

Hier sehen Sie ein Beispiel für ein einfaches DELETE auf allen Zeilen einer Tabelle:

```
DELETE FROM song;
```

In der Regel werden Sie in einer WHERE-Klausel Bedingungen festlegen, um eine oder mehrere bestimmte Zeilen für das Löschen auszuwählen. Die folgende Abfrage löscht alle Songs, die von Rondi Olson gesungen werden, und illustriert die Verwendung von Tabellen-Aliasen. Sie müssen allerdings beachten, dass

---

1 In MySQL müssen Sie den Befehl SET AUTOCOMMIT=0; ausführen, um Transaktionen einzuschalten. Dabei müssen Sie beachten, dass Transaktionen für den standardmäßigen MYISAM-Tabellentyp nicht zur Verfügung stehen.

MySQL und SQL Server 2000 in DELETE-Anweisungen keine Tabellen-Aliase unterstützen.

```
DELETE FROM song s
WHERE s.artist = 'Rondi Olson';
```

Wenn Sie die Daten über einen DB2-Cursor verarbeiten, können Sie die Zeile löschen, auf der der Cursor positioniert ist:

```
DELETE FROM song
WHERE CURRENT OF song_cursor;
```

Die folgende komplexere DELETE-Anweisung nutzt eine Unterabfrage, um alle CDs zu löschen, für die es keine Songs mehr gibt:

```
DELETE FROM cd c
WHERE c.cd_id NOT IN (
    SELECT DISTINCT s.cd_id
    FROM song s);
```

Beim Schreiben einer WHERE-Klausel stellen sich die gleichen Probleme wie beim Schreiben einer SELECT-Anweisung. Unter »Prädikate« finden Sie ausführlichere Informationen zu den verschiedenen Arten von Prädikaten, die Sie schreiben können.

Alle Zeilen löschen

Weil Datenbanken in der Regel alle Zeilenlöschungen protokollieren müssen, kann es sehr zeitaufwendig und mit vielen Ein- und Ausgaben verbunden sein, mit einem DELETE alle Zeilen aus einer Tabelle zu entfernen. Viele Datenbanken implementieren eine TRUNCATE TABLE-Anweisung, die Tabellen schneller und ohne Protokollierung leert.

WARNUNG

Sie können Ihre Tabellen nach einem TRUNCATE nicht mit einem ROLLBACK wiederherstellen (obwohl Sie in MySQL ein TRUNCATE auf einer InnoDB-Tabelle zurückrollen können). Ein TRUNCATE erfolgt praktisch unmittelbar und ist endgültig.

Hier sehen Sie ein Beispiel, in dem alle Zeilen aus der Tabelle song entfernt werden:

```
TRUNCATE TABLE song;
```

Oracle bietet eine Form, die den Speicherplatz bewahrt, der für die Tabelle reserviert wurde:

```
TRUNCATE TABLE song REUSE STORAGE;
```

Diese Form ist nützlich, wenn Sie beabsichtigen, die Tabelle sofort wieder mit der gleichen Menge an Daten zu laden, weil der Tabellenspeicherplatz dann nicht erst freigegeben und sofort wieder alloziert werden muss.

DB2 unterstützt TRUNCATE ab Version 8.1 nicht mehr.

Aus Views und Unterabfragen löschen

Das Ziel eines DELETE muss keine Tabelle sein. Es kann auch ein View oder eine Unterabfrage sein. Das folgende DELETE löscht zum Beispiel alle Songs von Carl Behrend, deren Laufzeit fünf Minuten überschreitet:

```
DELETE FROM (
    SELECT *
    FROM song
    WHERE artist = 'Carl Behrend') carls_songs
WHERE carls_songs.playing_time > 300;
```

Datenbanken setzen verschiedene Einschränkungen für das Löschen aus Views und Unterabfragen ein, weil die Datenbank dazu in der Lage sein muss, das Löschen auf einem View oder einer Unterabfrage auf eine Gruppe von Zeilen der zu Grunde liegenden Tabelle zurückzuführen. Wenn sich eine Zeile in einem View oder einer Unterabfrage nicht eindeutig auf eine Zeile in der Tabelle zurückführen lässt, kann es sein, dass Sie auf diesem View oder dieser Unterabfrage keine Löschung durchführen können.

HINWEIS

Alle Datenbanken unterstützen das Löschen aus einem View, aber nur Oracle unterstützt das Löschen aus einer Unterabfrage.

Aus Partitionen löschen (Oracle)

Oracle ermöglicht es Ihnen, aus einer bestimmten Partition zu löschen:

```
DELETE
FROM county PARTITION (michigan)
WHERE county_name = 'Alger';
```

oder aus einer bestimmten Unterpartition:

```
DELETE
FROM county SUBPARTITION (michigan01)
WHERE county_name = 'Alger';
```

Aber wahrscheinlich sind Sie besser bedient, wenn Sie in Ihre SQL-Anweisungen keine Partitions- oder Unterpartitionsnamen einbetten:

```
DELETE
FROM county
WHERE county_name = 'Alger'
  AND state = 'MI';
```

Die drei DELETEs in diesem Abschnitt haben die gleiche Wirkung. Im dritten Fall kann Oracle die zu durchsuchende Partition aus dem WHERE-Klausel-Prädikat ermitteln, das state betrifft.

Gelöschte Daten zurückliefern (Oracle)

Oracle unterstützt die folgende Form von DELETE, die Informationen zu den gelöschten Zeilen zurückliefert:

```
DELETE FROM ...
WHERE ...
RETURNING Ausdruck [,Ausdruck...]
[BULK COLLECT] INTO Variable [,Variable...]
```

Ausdruck ist üblicherweise ein Spaltenname oder wird aus Spaltennamen gebildet. ROWID ist ebenfalls ein gültiger Ausdruck. Das Ziel Variable muss eine typkompatible PL/SQL- oder Bind-Variable sein.

Bei DELETEs über mehr als eine Spalte müssen die Zielvariablen ebenfalls PL/SQL-Collection-Typen sein. Außerdem müssen Sie die Schlüsselwörter BULK COLLECT einsetzen:

```
DECLARE
    TYPE county_id_array IS ARRAY(100) OF NUMBER;
    county_ids county_id_array;
BEGIN
    DELETE FROM county
    RETURNING county_id BULK COLLECT INTO county_ids;
END;
/
```

Statt eine Ziel-*Variable* für jeden Quell-*Ausdruck* anzugeben, kann Ihr Ziel auch ein Datensatz sein, der die erforderliche Anzahl von Feldern mit den richtigen Typen enthält.

Doppel-FROM (SQL Server)

SQL Server unterstützt eine seltsame Erweiterung von DELETE, mit der Sie aus dem Ergebnis eines Tabellen-Joins löschen können. Geben Sie beispielsweise Folgendes an, um alle Songs auf CDs zu löschen, die mehr als $10,00 kosten:

```
DELETE FROM song
FROM cd c INNER JOIN song s
    ON c.cd_id = s.cd_id
WHERE c.price > 10;
```

In dieser Syntax identifiziert die erste FROM-Klausel das endgültige Ziel des DELETEs. Die zweite FROM-Klausel gibt die zu verknüpfende Tabelle an. Prädikate in der WHERE-Klausel können dann Spalten aus beiden Tabellen des Joins auswerten. In diesem Beispiel werden auf Basis eines Preises in der Tabelle cd Zeilen aus der Tabelle song gelöscht.

Das erste FROM-Schlüsselwort ist optional und wird oft weggelassen:

```
DELETE song
FROM cd c INNER JOIN song s
...
```

Wenn Sie SQL Server nicht einsetzen oder proprietäre SQL-Erweiterungen vermeiden wollen, können Sie die gleiche Art von DELETE in ANSI-Standard-SQL über eine Unterabfrage bewirken.

```
DELETE FROM song
WHERE song.cd_id IN (
```

```
    SELECT cd.cd_id
    FROM cd
    WHERE cd.price > 10);
```

Oder:

```
    DELETE FROM song
    WHERE EXISTS (
      SELECT * FROM cd
      WHERE cd.price > 10
        AND cd.cd_id = song.cd_id);
```

Flashback-Abfragen (Oracle)

Oracle9i Database, Release 2 hat das Konzept der *Flashback-Abfrage* eingeführt, mit der Sie die Daten so abfragen können, wie sie an einem Zeitpunkt in der Vergangenheit vorgelegen haben.

Verwenden Sie nach dem Tabellennamen in der FROM-Klausel das Schlüsselwort AS OF, um eine Flashback-Abfrage einzuleiten:

```
    SELECT a.attraction_name
    FROM attraction
    AS OF TIMESTAMP TIMESTAMP '2003-05-20 15:00:00.00' a
    WHERE a.city_id=1;
```

Beachten Sie den Ort des Tabellen-Alias. Achten Sie darauf, dass Sie in Ihrer Abfrage das AS OF zwischen den Tabellennamen und einen Alias schreiben müssen, den Sie dieser Tabelle geben wollen.

Das zweifache Auftauchen des Schlüsselworts TIMESTAMP ist kein Fehler. AS OF TIMESTAMP gibt an, dass Sie das Flashback-Ziel in Form eines Timestamp liefern werden, den Sie entweder als Variable oder als Literal angeben können. Die Beispiele in diesem Abschnitt verwenden TIMESTAMP-Literale, die mit diesem Schlüsselwort beginnen.

Sie können unterschiedliche AS OF-Parameter – oder auch gar keine – für jede Tabelle (oder View) in Ihrer Abfrage angeben:

```
    SELECT a.attraction_name, c.city_name
    FROM attraction
      AS OF TIMESTAMP
        TIMESTAMP '2003-05-20 15:00:00.00' a
```

```
    INNER JOIN city
    AS OF TIMESTAMP
        TIMESTAMP '2003-05-20 03:00:00.00' c
    ON a.city_id = c.city_id;
```

Statt mit Timestamps zu arbeiten, können Sie eine Flashback-Abfrage auch auf einer System Change Number (SCN) basieren lassen:

```
SELECT attraction_name, city_name
FROM city c, (SELECT *
            FROM attraction
            WHERE government_owned = 'Y')
            AS OF SCN 69335732 a
WHERE c.city_id = a.city_id(+);
```

SCNs sind für die Angabe von Flashback-Zielen erheblich genauer als Timestamps. Timestamps werden letztendlich selbst auf SCNs zurückgeführt, die in fünfminütigen Intervallen aufgezeichnet werden, und diese History beinhaltet lediglich die letzten fünf Betriebstage der Datenbank.

Funktionen

Datenbank-Hersteller implementieren eine Vielzahl von Funktionen, die Sie aus Ihren SQL-Anweisungen zur Manipulation und Transformation von Daten verwenden können. Beispielsweise können Sie innerhalb einer SQL-Anweisung die UPPER-Funktionen einsetzen, um auf eine die Groß-/Kleinschreibung ignorierende Weise zu suchen:

```
SELECT artist, title
FROM cd
WHERE UPPER(title) = 'NOTHING LESS';
```

Seien Sie sich dessen bewusst, dass die Anwendung einer Funktion auf eine Spalte in einer WHERE- oder HAVING-Klausel verhindern *kann*, dass auf dieser Spalte ein Index verwendet wird. Wenn z.B. die Tabelle cd einen Index auf der title-Spalte hat, verhindert in diesem Beispiel die Anwendung der Funktion, dass der Index verwendet wird. Wäre die Tabelle andererseits über einen funktionalen Index mit UPPER(title) indiziert, könnte die vorange-

---

hende Abfrage aus diesem Index Vorteile ziehen. Wegen dieser Probleme kommen Sie wahrscheinlich besser weg, wenn Sie nach Möglichkeiten suchen, Ihre Abfragen so zu schreiben, dass auf wichtige Suchspalten in Ihren WHERE-Klauseln keine Funktionen angewandt werden.

Es gibt viele verschiedene Typen von Funktionen. Die folgenden Abschnitte beschreiben die nützlichsten *skalaren Funktionen*, die für jede Zeile einen Wert zurückliefern, wenn sie aus einer SQL-Anweisung ausgeführt werden. Diese gliedern sich auf in folgende Kategorien:

- Datumsfunktionen
- numerische und mathematische Funktionen
- trigonometrische Funktionen
- String-Funktionen

Es gibt auch ein paar wenige Funktionen, die in keine dieser Kategorien passen. Die bei weitem nützlichsten davon sind die *Umwandlungsfunktionen*, die Daten von einem Typ in einen anderen umwandeln. Werfen Sie einen Blick in den Abschnitt »CAST: Datentyp-Umwandlungen« weiter oben, um mehr über diese Funktionen zu lernen. Es gibt auch *Aggregat-Funktionen*, die Werte aus mehreren Spalten kombinieren, um ein einziges Ergebnis zurückzuliefern. Diese werden weiter unten im Abschnitt »Gruppieren und Zusammenfassen« beschrieben.

Datumsfunktionen

Wie bereits gesagt, sind die nützlichsten Datumsfunktionen eigentlich die Umwandlungsfunktionen, die weiter oben unter »CAST: Datentyp-Umwandlungen« beschrieben werden. Trotzdem gibt es noch ein paar andere Datums-/Zeitfunktionen, die Sie kennen sollten.

Das aktuelle Datum und die aktuelle Uhrzeit erhalten

Jeder Datenbank-Hersteller implementiert eine oder mehrere Funktionen, die das aktuelle Datum, die aktuelle Uhrzeit, Datum und Zeit gemeinsam oder irgendetwas Ähnliches zurückliefern. Oracle implementiert beispielsweise SYSDATE, um einen DATE-Wert mit dem aktuellen Datum und der aktuellen Uhrzeit des Server-Betriebssystems zurückzuliefern:

```
SQL> ALTER SESSION
  2   SET NLS_DATE_FORMAT = 'dd-Mon-yyyy hh:mi:ss';

Session altered.

SQL> SELECT SYSDATE FROM dual;

SYSDATE
-------------------
31-Dec-2003 06:24:15
```

Oracles-Funktionen für aktuelles Datum/aktuelle Uhrzeit. Oracle implementiert die folgenden Funktionen, um aktuelle Datums-/Zeitinformationen zu liefern:

CURRENT_DATE
> Liefert das aktuelle Datum in der Session-Zeitzone als ein Wert vom Typ DATE.

CURRENT_TIMESTAMP[(*Genauigkeit*)]
> Liefert das aktuelle Datum und die aktuelle Uhrzeit in der Session-Zeitzone als ein Wert vom Typ TIMESTAMP WITH TIME ZONE. Die *Genauigkeit* ist die Anzahl der Nachkommastellen zur Wiedergabe der Sekundenbruchteile und ist standardmäßig auf 6 eingestellt.

LOCALTIMESTAMP[(*Genauigkeit*)]
> Das Gleiche wie CURRENT_TIMESTAMP, liefert aber einen TIMESTAMP-Wert ohne Zeitzonenverschiebung.

SYSDATE
> Liefert das Server-Datum und die Server-Uhrzeit als DATE.

SYSTIMESTAMP[(*Genauigkeit*)]
> Liefert das aktuelle Server-Datum und die aktuelle Server-Zeit als TIMESTAMP WITH TIME ZONE-Wert.

DBTIMEZONE
> Liefert die Server-Zeitzone als eine Zeitverschiebung im Verhältnis zu UTC in der Form [+|-]hh:mi.

SESSIONTIMEZONE
> Liefert die Session-Zeitzone als eine Zeitverschiebung im Verhältnis zu UTC in der Form [+|-]hh:mi.

SYS_EXTRACT_UTC(*Datums-/Zeitwert*)
> Liefert UTC-Datum und -Zeit in Form eines TIMESTAMP WITH TIME ZONE-Werts.

DB2-Funktionen für aktuelles Datum/aktuelle Uhrzeit. DB2 implementiert etwas, das IBM als *besondere Register* bezeichnet, um Datums-/Zeitinformationen zu liefern:

CURRENT DATE *oder* CURRENT_DATE
> Liefert das aktuelle Datum auf dem Server.

CURRENT TIME *oder* CURRENT_TIME
> Liefert die aktuelle Zeit auf dem Server.

CURRENT TIMESTAMP *oder* CURRENT_TIMESTAMP
> Liefert das aktuelle Datum und die aktuelle Uhrzeit als Timestamp.

CURRENT TIMEZONE *oder* CURRENT_TIMEZONE
> Liefert die aktuelle Zeitzone als eine Dezimalzahl, die die Zeitzonenverschiebung zu UTC in Stunden, Minuten und Sekunden wiedergibt. Die ersten beiden Ziffern sind die Stunden, die zweiten zwei die Minuten und die letzten beiden die Sekunden.

SQL Server Funktionen für aktuelles Datum/aktuelle Uhrzeit. SQL Server implementiert:

CURRENT_TIMESTAMP *oder* GETDATE( )
> Liefert das aktuelle Datum und die aktuelle Uhrzeit auf dem Server als ein Datums-/Zeitwert.

```
GETUTCDATE( )
```
   Liefert das aktuelle UTC-Datum plus Uhrzeit, wie es aus der
   Server-Zeit und den Zeitzonen-Einstellungen des Servers abge-
   leitet wird.

MySQL-Funktionen für aktuelles Datum/aktuelle Uhrzeit. MySQL
implementiert:

```
CURDATE( ) oder CURRENT_DATE
```
   Liefert in Abhängigkeit vom Kontext das aktuelle Datum als
   String ('YYYY-MM-DD') oder Zahl (YYYYMMDD).

```
CURTIME( ) oder CURRENT_TIME
```
   Liefert in Abhängigkeit vom Kontext die aktuelle Uhrzeit als
   String ('HH:MI:SS') oder als Zahl (HHMISS).

```
NOW( ), SYSDATE( ) oder CURRENT_TIMESTAMP
```
   Liefert in Abhängigkeit vom Kontext das aktuelle Datum und
   die aktuelle Uhrzeit als String ('YYYY-MM-DD HH:MI:SS') oder als
   Zahl (YYYYMMDDHHMISS).

```
UNIX_TIMESTAMP
```
   Liefert die Anzahl der Sekunden seit dem 1. Januar 1970 als
   Integer.

Runden und kürzen (Oracle)

Oracle ermöglicht Ihnen, DATE-Werte auf bestimmte Datums-/
Zeitwert-Elemente zu runden und zu kürzen. Das folgende Beispiel illustriert das Runden und Kürzen auf den nächsten Monat:

```
SQL> SELECT SYSDATE, ROUND(SYSDATE,'Mon'),
  2         TRUNC(SYSDATE,'Mon')
  3  FROM dual;

SYSDATE     ROUND(SYSDA TRUNC(SYSDA
----------- ----------- -----------
31-Dec-2003 01-Jan-2004 01-Dec-2003
```

Beim Kürzen wird einfach jedes Element mit geringerer Signifi-
kanz auf seinen Minimumwert gesetzt. Der Minimumwert für den
Tag ist 1, also wird 31-Dec zu 1-Dec gekürzt. Wäre im Ausgabeformat die Tageszeit enthalten gewesen, hätten Sie gesehen, dass sie

auf 00:00:00 oder Mitternacht, den Tagesanfang, gekürzt worden wäre.

Das Runden erfolgt auf das nächste Auftauchen des angegebenen Elements. Ich habe verlangt, dass auf den nächsten Monat gerundet wird. Das Eingabedatum lag näher an 1-Jan-2004 als an 1-Dec-2003, also wurde mein Datum aufgerundet. Wieder wäre die Tageszeit auf 00:00:00 gesetzt worden.

Sie können die Datumsformat-Elemente aus Tabelle 1 im Abschnitt »CAST: Datentyp-Umwandlungen« verwenden, um die Elemente anzugeben, auf die Sie ein Datum runden oder kürzen wollen. Vermeiden Sie ausgefallene Elemente wie RM (römische Ziffern) und J (Julianische Tage). Halten Sie sich an leicht verständliche Elemente wie MM (Monat), Q (Quartal) usw. Wenn Sie das zweite Argument für ROUND oder TRUNC weglassen, erfolgt das Runden oder Kürzen auf den Tag (das DD-Element).

Nützliche Datumsfunktionen (Oracle)

Oracle implementiert eine Reihe von nützlichen Funktionen für die Datumsarithmetik. Die folgenden Funktionen arbeiten alle mit Werten vom Typ DATE und liefern in der Regel auch solche zurück:

ADD_MONTHS(*Datum, Integer*)
> Addiert *Integer* Monate zu *Datum* hinzu. Wenn *Datum* der letzte Tag seines Monats ist, wird als Ergebnis der letzte Tag des Zielmonats festgelegt. Wenn der Zielmonat weniger Tage hat als der Monat von *Datum,* wird als Ergebnis ebenfalls der letzte Tag des Zielmonats festgelegt.

LAST_DAY(*Datum*)
> Liefert den letzten Tag des Monats zurück, der das *Datum* enthält, das Sie angegeben haben.

NEXT_DAY(*Datum, Wochentag*)
> Liefert den ersten angegebenen Wochentag nach einem angegebenen *Datum*. Der *Wochentag* muss ein gültiger Wochentagsname oder eine gültige Abkürzung in der aktuellen Datumssprache für diese Session sein. (Sie können NLS_SESSION_

PARAMETERS abfragen, um diesen Wert zu prüfen.) Auch wenn *Datum* auf diesen *Wochentag* fällt, liefert die Funktion das *nächste* Vorkommen von *Wochentag* zurück.

MONTHS_BETWEEN(*späteres_Datum*, *früheres_Datum*)

Berechnet die Anzahl von Monaten zwischen zwei Datumswerten. Die Berechnung entspricht *früheres_Datum – späteres_Datum*. Die Eingabedaten können im Prinzip in beliebiger Reihenfolge angegeben werden. Aber wenn das zweite Datum später liegt, ist das Ergebnis negativ.

Das Ergebnis ist eine Integer-Zahl, wenn die beiden Datumswerte einen identischen Monatstag haben oder wenn beide Datumswerte den letzten Tag ihrer jeweiligen Monate darstellen. Andernfalls berechnet Oracle einen Ergebnisbruch, der auf einem 31-Tage-Monat basiert. Dabei werden dann auch alle Tageszeit-Bestandteile der Eingabedaten mit einbezogen.

Nützliche Datumsfunktionen (SQL Server)

SQL Server implementiert zwei Funktionen, um Datumsarithmetik durchzuführen:

DATEADD(*Datumsteil*, *Intervall*, *Datum*)

Fügt einem *Datum* ein (als Integer ausgedrücktes) Intervall hinzu. Um eine Subtraktion durchzuführen, müssen Sie ein negatives Intervall angeben. Das *Datumsteil*-Argument ist eine Schlüsselwort, das jenen Teil von *Datum* angibt, der erhöht werden soll, und kann folgende Werte annehmen: year, yy, yyyy, quarter, qq, q, month, mm, m, dayofyear, dy, y, day, dd, d, week, wk, ww, hour, hh, minute, mi, n, second, ss, s, millisecond und ms. Geben Sie z.B. Folgendes an, um dem aktuellen Datum einen Tag hinzuzufügen: DATEADD(day, 1, GETDATE()).

DATEDIFF(*Datumsteil*, *Anfangsdatum*, *Enddatum*)

Liefert *Enddatum – Startdatum*, ausgedrückt in den Einheiten, die Sie mit dem *Datumsteil*-Argument angegeben haben. Mit DATEDIFF(mi, GETUTCDATE(), GETDATE()) können Sie beispielsweise die Differenz in Minuten zwischen der aktuellen Uhrzeit und der UTC-Zeit berechnen.

Nützliche Datumsfunktionen (MySQL)

MySQL implementiert die folgenden Funktionen, um Datumswerten Intervalle hinzuzurechnen oder diese von ihnen abzuziehen.

`DATE_ADD(Datum, INTERVAL Wert Einheiten)`
> Fügt *Wert Einheiten* zu *Datum* hinzu. Als Synonym für DATE_ADD können Sie auch ADDDATE verwenden.

`DATE_SUB(Datum, INTERVAL Wert Einheiten)`
> Zieht *Wert Einheiten* von *Datum* ab. Als Synonym für DATE_SUB können Sie SUBDATE verwenden.

So wird beispielsweise dem aktuellen Datum ein Monat hinzugefügt:

```
SELECT DATE_ADD(CURRENT_DATE, INTERVAL 1 MONTH);
```

und so ein Jahr und zwei Monate abgezogen:

```
SELECT DATE_SUB(CURRENT_DATE,
              INTERVAL '1-2' YEAR_MONTH);
```

Zu den gültigen Intervall-Schlüsselwörtern für numerische Intervalle gehören: SECOND, MINUTE, HOUR, DAY, MONTH und YEAR. Sie können auch die in Tabelle 7 gezeigten String-basierten Formate verwenden.

Tabelle 7: MySQLs String-basierte Intervall-Formate

Schlüsselwort	Format
DAY_HOUR	'dd hh'
DAY_MINUTE	'dd hh:mi'
DAY_SECOND	'dd hh:mi:ss'
HOUR_MINUTE	'HH:MI'
HOUR_SECOND	'hh:mi:ss'
MINUTE_SECOND	'MI:SS'
YEAR_MONTH	'yy-mm'

Numerische und mathematische Funktionen

Im Folgenden finden Sie einige hilfreiche numerische und mathematische Funktionen, die im Prinzip auf allen Datenbank-Plattformen verfügbar sind. (Sollten Einschränkungen für bestimmte Plattformen vorliegen, merke ich das an):

`ABS(Zahl)`
> Liefert den Absolutwert von *Zahl*.

`CEIL(Zahl)` *oder* `CEILING(Zahl)`
> Liefert den kleinsten Integer, der größer oder gleich der Zahl ist, die Sie übergeben haben. Bei SQL Server müssen Sie CEILING verwenden, bei allen anderen Plattformen CEIL. Beachten Sie, dass bei negativen Zahlen der *höhere* Wert den kleineren *absoluten* Wert hat. `CEIL(5.5)` ist 6, aber `CEIL(-5.5)` ist -5.

`EXP(Zahl)`
> Liefert die mathematische Konstante e (≈ 2.71828183) hoch *Zahl*.

`FLOOR(Zahl)`
> Liefert den größten Integer, der kleiner oder gleich der Zahl ist, die Sie übergeben haben. Beachten Sie, dass bei negativen Zahlen der *kleinere* Wert den höheren *absoluten* Wert hat. `FLOOR(5.5)` ist 5, aber `FLOOR(-5.5)` ist -6.

`LN(Zahl)`
> Liefert den natürlichen Logarithmus einer Zahl. Diese Funktion ist in Oracle und DB2 verfügbar, aber nicht in SQL Server und MySQL.

`LOG(Zahl)`
> Eine Funktion von DB2, SQL Server und MySQL, die den natürlichen Logarithmus von *Zahl* liefert.

`LOG(Basis, Zahl)`
> Eine Oracle-Funktion, die den Logarithmus von *Zahl* zur angegebenen *Basis* liefert.

LOG10(*Zahl*)

Eine Funktion von DB2, SQL Server und MySQL, die den 10er-Logarithmus von *Zahl* liefert.

MOD(*Zähler, Nenner*)

Liefert den Rest von *Zähler* durch *Nenner*. Diese Funktion ist in Oracle, DB2 und MySQL verfügbar, aber nicht in SQL Server.

NANVL(*Wert, Alternative*)

Eine Oracle-Funktion, die einen alternativen Wert für jeden Fließkomma-NaN-*Wert* (Not-a-Number) liefert. Ist *Wert* NaN, wird *Alternative* zurückgeliefert. Andernfalls wird *Wert* zurückgeliefert.

REMAINDER(*Zähler, Nenner*)

Eine Oracle-Funktion, die den Rest von *Zähler* durch *Nenner* liefert. Identisch mit MOD.

ROUND(*Zahl*[, *Stellen*])

Rundet eine *Zahl* auf die angegebene Anzahl von Nachkomma-*Stellen*. Standardmäßig wird auf einen Integer-Wert gerundet. Verwenden Sie einen negativen Wert für *Stellen*, um bis zu einer Stelle *links* des Dezimaltrennzeichens zu runden. Bei SQL Server ist das Argument *Stellen* erforderlich.

ROUND(*Zahl, Stellen*[, *Option*])

Die ROUND-Version von SQL Server. Nutzen Sie *Option*, um anzugeben, ob gerundet oder gekürzt werden soll (siehe TRUNC weiter unten). Ist *Option* 0, wird gerundet. Andernfalls wird gekürzt.

SIGN(*Zahl*)

Zeigt das Vorzeichen einer Zahl an. SIGN liefert −1, 0 oder 1 zurück, wenn *Zahl* negativ, null bzw. positiv ist.

TRUNC(*Zahl*[, *Genauigkeit*])

Schneidet eine Zahl auf die angegebene Anzahl von Nachkommastellen ab. Die Standard-*Genauigkeit* ist null Dezimalstellen. Verwenden Sie eine negative *Genauigkeit*, um zu einer Stelle links des Dezimaltrennzeichens zu kürzen und so zu erzwingen, dass die Stellen nach dieser Stelle null sind. SQL Server implementiert das Kürzen über eine spezielle Form von ROUND. MySQL implementiert das Kürzen mit TRUNCATE(Zahl, Genauigkeit). Die Angabe einer Genauigkeit ist dabei erforderlich.

Trigonometrische Funktionen

Alle Datenbank-Plattformen bieten einen Satz von trigonometrischen Funktionen. Die spezifischen Funktionen unterscheiden sich von Datenbank zu Datenbank und sind in Tabelle 8 aufgeführt. Wenn Sie mit der Trigonometrie vertraut sind, erschließt sich Ihnen der Zweck jeder Funktion schon durch ihren Namen.

Tabelle 8: Trigonometrische Funktionen

Funktion	Oracle	DB2	SQL Server	MySQL
ACOS(Kosinus)	•	•	•	•
ASIN(Sinus)	•	•	•	•
ATAN(Tangens)	•	•	•	•
ATANH(Tangens)		•		
COS(Grad)	•	•	•	•
COSH(Grad)	•	•		
COT(Grad)		•	•	•
SIN(Grad)	•	•	•	•
SINH(Grad)	•	•		
TAN(Grad)	•	•	•	•
TANH(Grad)	•	•		

Es gibt auch eine besondere Form von ATAN, die als ATAN2 (ATN2 in SQL Server) bekannt ist:

    ATAN2(x, y)

Die Funktion liefert ATAN(x/y).

String-Funktionen

Die folgenden Abschnitte zeigen, wie Funktionen verwendet werden, um allgemeine String-Operationen durchzuführen.

In einem String suchen

Unterschiedliche Datenbanken bieten unterschiedliche Funktionen zur Suche in Strings.

Oracle-Suchfunktion. In Oracle können Sie mit der Funktion INSTR nach der Position eines Strings innerhalb eines Strings suchen:

```
INSTR(String, Teilstring[, Position[, Vorkommen]])
```

Optional können Sie eine Anfangs-*Position* für die Suche angeben und fordern, dass ein bestimmtes *Vorkommen* gefunden wird. Ist *Position* negativ, beginnt die Suche in Oracle am Ende des Strings.

TIPP

In Oracle10g können Sie auch REGEXP_INSTR verwenden. Das wird unter »Reguläre Ausdrücke« beschrieben.

Oracle implementiert INSTR, INSTRB, INSTR2 und INSTR4, die auf Basis des Eingabezeichensatzes, von Bytes sowie von Unicode Code-Einheiten bzw. Unicode Code-Punkten arbeiten.

DB2-Suchfunktion. In DB2 verwenden Sie die LOCATE-Funktion:

```
LOCATE(Teilstring, String[, Position]]))
```

LOCATE liefert das erste Vorkommen von *Teilstring* in *String*. Es wird null zurückgegeben, wenn kein Treffer gefunden wird. Standardmäßig wird *String* bei Zeichenposition 1 beginnend durchsucht.

SQL Server-Suchfunktion. In SQL Server verwenden Sie die CHARINDEX-Funktion:

```
CHARINDEX(Teilstring, String[, Position]]))
```

Die Argumente stimmen mit denen von DB2s LOCATE überein.

MySQL-Suchfunktionen. In MySQL verwenden Sie entweder INSTR oder LOCATE:

```
INSTR(String, Teilstring)
LOCATE(Teilstring, String[, Position])
```

Verwenden Sie `Position`, um eine andere Anfangszeichenposition als 1 anzugeben. Es wird null zurückgegeben, wenn `Teilstring` in `String` nicht gefunden wird.

Text in einem String ersetzen

Verwenden Sie die REPLACE-Funktion, um eine Suchen-und-Ersetzen-Operation auf einem *String* auszuführen:

```
REPLACE(String, Suchen[, Ersetzen])
```

Wenn Sie den `Ersetzen`-String weglassen, werden alle Vorkommen von `Suche` in `String` gelöscht. In DB2, SQL Server und MySQL *müssen* Sie alle drei Argumente angeben. Aber Sie können einen Teil-String immer noch löschen, indem Sie als `Ersetzen`-Text einen leeren String (`' '`) angeben.

TIPP

In Oracle10*g* können Sie auch REGEXP_REPLACE verwenden. Das wird unter »Reguläre Ausdrücke« beschrieben.

Einen Teil-String herausziehen

In Oracle, DB2 und SQL Server können Sie die Funktion SUBSTR verwenden, um, bei Position `Start` beginnend, `Länge` Zeichen aus einem *String* herauszuziehen:

```
SUBSTR(String, Start[, Länge])
```

Strings beginnen mit Position 1. Geben Sie einen `Start` gleich 0 ein, tut Oracle so, als hätten Sie 1 angegeben. Ist `Start` negativ, zählt Oracle vom Ende des *Strings* an rückwärts.

Lassen Sie `Länge` weg, erhalten Sie alle Zeichen von `Start` bis zum Ende von `String`. Falls erforderlich, füllt DB2 ein Ergebnis mit

Leerzeichen auf, um sicherzustellen, dass das Ergebnis immer *Länge* Zeichen lang ist. In SQL Server ist es nicht zulässig, *Länge* wegzulassen.

TIPP

In Oracle10g können Sie auch REGEXP_SUBSTR verwenden. Das wird unter »Reguläre Ausdrücke« beschrieben.

Oracle implementiert SUBSTR, SUBSTRB, SUBSTR2 und SUBSTR4, die auf Basis des Eingabezeichensatzes, von Bytes sowie von Unicode Code-Einheiten bzw. Unicode Code-Punkten arbeiten.

MySQL implementiert die folgenden Teil-String-Funktionen:

```
SUBSTRING(String, Start)
SUBSTRING(String FROM Start)
SUBSTRING(String, Start, Länge)
SUBSTRING(String FROM Start FOR Länge)
```

Die Argumente für diese SUBSTRING-Funktionen sind die gleichen wie die für SUBSTR. MySQL unterstützt negative *Start*-Positionen und zählt dann von links.

Die Länge eines Strings ermitteln

Verwenden Sie die LENGTH-Funktion (LEN in SQL Server), um die Länge eines Strings zu ermitteln:

```
LENGTH(String)
```

Oracle implementiert LENGTH, LENGTHB, LENGTH2 und LENGTH4, die die Zeichen gemäß Eingabezeichensatz, Bytes, Unicode Code-Einheiten bzw. Unicode Code-Punkten zählen.

Strings verknüpfen

In Oracle und DB2 können Sie die CONCAT-Funktion verwenden, um zwei Strings zu verknüpfen:

```
CONCAT(String, String)
```

Aber wahrscheinlich finden Sie es einfacher, stattdessen den String-Verknüpfungsoperator (||) zu verwenden:

```
String1 || String2
```

SQL Server unterstützt den ANSI/ISO-String-Verknüpfungsoperator nicht. Verwenden Sie stattdessen ein +.

MySQL unterstützt weder || noch + für String-Verknüpfungen. MySQL unterstützt jedoch eine unbegrenzte Anzahl von String-Argumenten für CONCAT:

```
CONCAT(String[, String...])
```

Unerwünschte Zeichen abschneiden

LTRIM, RTRIM und TRIM entfernen unerwünschte Zeichen aus einem String. TRIM ist Bestandteil des ANSI/ISO-Standards, wird dennoch von DB2 Version 8.1 und SQL Server 2000 nicht unterstützt:

```
TRIM(String)
TRIM(Zeichen FROM String)
TRIM(Option [Zeichen] FROM String)

Option ::= {LEADING|TRAILING|BOTH}
```

Mit TRIM können Sie führende Zeichen, anhängende Zeichen oder beide entfernen. Standard für das abzuschneidende Zeichen ist ein einzelnes Leerzeichen. Die Standard-Option ist BOTH.

Die Funktionen LTRIM und RTRIM bieten eine ähnliche Funktionalität wie TRIM. Oracles Implementierung ist:

```
LTRIM(String[, Unerwünscht])
RTRIM(String[, Unerwünscht])
```

Die Implementierungen für DB2, SQL Server und MySQL sind:

```
LTRIM(String)
RTRIM(String)
```

LTRIM entfernt Unerwünschte Zeichen vom Anfang (linker Rand) von String, während RTRIM sie vom Ende (rechter Rand) entfernt. Das Argument Unerwünscht ist ein String, der die Zeichen enthält, von denen Sie wollen, dass sie abgeschnitten werden.

Standardmäßig ist das ein einzelndes Leerzeichen. In DB2, SQL Server und MySQL können Sie *nur* Leerzeichen abschneiden.

Bei TRIM können Sie lediglich ein Zeichen angeben, das entfernt werden soll. Mit Oracles Version von LTRIM und RTRIM können Sie viele Zeichen auf einmal entfernen, indem Sie sie einfach im *Unerwünscht*-String aufführen. So können Sie beispielsweise einige führende und anhängende Interpunktions- und Leerzeichen entfernen:

```
RTRIM(LTRIM(String,'.,! '),'.,! ')
```

Zeichen umwandeln

Oracle und DB2 implementieren eine TRANSLATE-Funktion für die Umwandlung von Zeichen in einem String. Oracles Implementierung ist:

```
TRANSLATE(String, Original, Umwandlung)
```

DB2 implementiert eine etwas komplexere Version:

```
TRANSLATE(String)
TRANSLATE(String, Umwandlung, Original[, Füllzeichen]))
```

Die Funktion durchsucht *String* und ersetzt jedes in *Original* vorkommende Zeichen durch das entsprechende Zeichen aus *Umwandlung*. Geben Sie z.B. Folgendes an, um alle Ziffern durch die Buchstaben A bis J zu ersetzen:

```
SQL> SELECT TRANSLATE('This book costs $9.95.',
  2                   '1234567890','ABCDEFGHIJ')
  3  FROM dual;

TRANSLATE('THISBOOKCOS
---------------------
This book costs $I.IE.
```

In Oracle werden Zeichen, die in *String*, aber nicht in *Original* stehen, unverändert belassen. Zeichen, die in *Original* stehen, aber nicht in *Umwandlung*, werden gelöscht.

In DB2 wird das *Füllzeichen* benutzt, um *Umwandlung* mindestens bis zur Länge von *Original* aufzufüllen. Alle Zeichen, die in *Original* vorkommen, aber nicht in *Umwandlung*, werden in das

Füllzeichen umgewandelt. Das Standard-*Füllzeichen* ist das Leerzeichen. Ist *Umwandlung* länger als *Original*, werden diese überschüssigen Zeichen ignoriert.

Die Groß-/Kleinschreibung eines Strings ändern

Verwenden Sie die Funktionen UPPER und LOWER, um alle Buchstaben in einem String in Groß- bzw. Kleinbuchstaben umzuwandeln:

```
UPPER(String)
LOWER(String)
```

In Oracle können Sie auch INITCAP(*String*) verwenden, um den ersten Buchstaben jedes Worts in Großbuchstaben und alle anderen Buchstaben in Kleinbuchstaben umzuwandeln.

DB2 unterstützt UCASE und LCASE als Synonyme für UPPER und LOWER.

Verschiedene Funktionen (Oracle)

Oracle implementiert zwei Funktionen, die nicht unter die Kategorien der Datums-, numerischen oder String-Funktionen fallen, aber trotzdem interessant sind:

GREATEST(*Wert*[, *Wert*...])
  Liefert den größten Wert in einer Liste von Werten. Die Eingabewerte können numerische Werte, Datumswerte oder Strings sein.

LEAST(*Wert*[, *Wert*...])
  Liefert den kleinsten Wert in einer Liste von Werten. Die Eingabewerte können numerische Werte, Datumswerte oder Strings sein.

Gruppieren und Zusammenfassen

SQL ermöglicht es Ihnen, Zeilen zu Gruppen anzuordnen, diese Daten dann auf verschiedene Weisen zusammenzufassen und letztendlich nur eine Zeile pro Gruppe zurückzuliefern. Das können Sie mit GROUP BY- und HAVING-Klauseln und unterschiedlichen Aggregatfunktionen bewirken.

Aggregatfunktionen

Eine *Aggregatfunktion* nimmt als Eingabe eine Wertmenge, einen Wert aus jeder Zeile einer Zeilenmenge, und liefert als Ausgabe einen einzigen Wert. Eine der am häufigsten verwendeten Aggregatfunktionen ist COUNT. Sie zählt die Nicht-NULL-Werte in einer Spalte. Mit der folgenden Anweisung wird die Anzahl der attraction-URLs gezählt:

```
SELECT COUNT(attraction_url)
FROM attraction;
```

Verwenden Sie die Schlüsselwörter ALL und DISTINCT, um zu steuern, ob alle Nicht-NULL-Werte als Eingabe verwendet oder doppelte Werte ausgeschlossen werden sollen:

```
SELECT COUNT(DISTINCT city_id),
       COUNT(ALL city_id)
FROM attraction;
```

Das ALL-Verhalten ist der Standard: COUNT(*Ausdruck*) ist äquivalent zu COUNT(ALL *Ausdruck*).

COUNT ist insofern ein Sonderfall, als es Ihnen möglich ist, das Sternchen (*) als Wildcard-Argument zu übergeben:

```
SELECT COUNT(*) FROM attraction;
```

Wenn Sie COUNT(*) verwenden, zählt SQL Zeilen an Stelle von Spaltenwerten. Wenn COUNT(*) verwendet wird, spielen NULL-Werte keine Rolle, weil NULL nur für Spalten angewandt wird und nicht auf vollständige Zeilen als Einheit.

Tabelle 9 führt einige der üblicherweise verfügbaren Aggregatfunktionen auf. Die meisten Datenbank-Hersteller implementieren noch weitere Aggregatfunktionen zu den hier vorgestellten. Oracle ist bekannt dafür, eine lange Liste von Aggregatfunktionen zu unterstützen, aber ebenso für so manche ziemlich komplizierte

Aufrufsyntax. Details finden Sie in den jeweiligen Dokumentationen.

Tabelle 9: Verbreitete Aggregatfunktionen

Funktion	Beschreibung
AVG(x)	Liefert den Durchschnitt (Mittelwert) einer Zahlenmenge.
COUNT(x)	Zählt die Anzahl von Nicht-NULL-Werten in einer Wertmenge.
MAX(x)	Liefert den größten Wert in einer Menge.
MEDIAN(x)	Liefert den Median, den mittleren Wert aus einer Wertmenge. Gegebenenfalls kann der mittlere Wert interpoliert werden. Ist nur in Oracle verfügbar.
MIN(x)	Liefert den kleinsten Wert in einer Wertmenge.
STDDEV(x)	Liefert die Standardabweichung in einer Zahlenmenge. In SQL Server müssen Sie STDEV (nur ein D) verwenden.
SUM(x)	Addiert alle Zahlen in einer Menge.
VARIANCE(x)	Liefert die statistische Varianz der Zahlen einer Menge. In SQL Server müssen Sie VAR verwenden. Steht in DB2 und MySQL nicht zur Verfügung.

GROUP BY

Aggregatfunktionen werden erst dann wirklich nützlich, wenn Sie sie auf eine Zeilenmenge anwenden und nicht auf alle Zeilen einer Tabelle. Das machen Sie mit der GROUP BY-Klausel. Die folgende Abfrage zählt die Anzahl der Attraktionen in jeder Stadt:

```
SELECT c.city_name, COUNT(*)
FROM city c INNER JOIN attraction a
    ON c.city_id = a.city_id
GROUP BY c.city_name;
```

Bei der Ausführung einer Abfrage wie dieser sortiert die Datenbank die Ergebnismengen-Zeilen erst in Gruppen, wie es in der GROUP BY-Klausel angegeben wurde:

```
Munising        Pictured Rocks
Munising        Valley Spur
Munising        Shipwreck Tours

Gladstone       Hoegh Pet Casket Company
```

```
Hancock          Quincy Steam Hoist
Hancock          Temple Jacob
Hancock          Finlandia University

Germfask         Seney National Wildlife Refuge
...
```

Gruppen können auch aus einer einzigen Zeile bestehen. Das Gruppieren erfordert in der Regel zumindest eine eingeschränkte Sortieroperation. Aber wie Sie bei diesem Beispiel sehen können, muss die Sortierung nur so weit gehen, dass ähnliche Zeilen zusammengruppiert werden.

Sind die Gruppen angelegt, werden alle Aggregatfunktionen einmal auf jede Gruppe angewandt. In diesem Beispiel wird COUNT(*) separat für jede Gruppe ausgeführt:

```
Munising         3
Munising
Munising

Gladstone        1

Hancock          3
Hancock
Hancock

Germfask         1
...
```

Alle Spalten, auf die keine Aggregatfunktion angewandt wurde, werden zu einem Wert »zusammengeklappt«:

```
Munising         3
Gladstone        1
Hancock          3
Germfask         1
...
```

Praktisch heißt dieses Zusammenklappen vieler Detailzeilen zu einer Aggregatzeile, dass Sie auf jede Spalte, die in Ihrer GROUP BY-Klausel nicht aufgeführt wird, eine Aggregatfunktion anwenden *müssen*.

Nützliche GROUP BY-Techniken

Die folgenden Unterabschnitte beschreiben einige nützliche Techniken für GROUP BY-Abfragen.

Die GROUP BY-Liste verkleinern

Manchmal möchten Sie eine Spalte in der SELECT-Liste einer GROUP BY-Abfrage aufführen, ohne dieselbe Spalte in der GROUP BY-Kausel angeben zu müssen. Im folgenden Beispiel impliziert z.B. jede gegebene city_id einen city_name:

```
SELECT c.city_id, c.city_name, COUNT(*)
FROM city c INNER JOIN attraction a
    ON c.city_id = a.city_id
GROUP BY c.city_id, c.city_name;
```

In einem solchen Fall kann es effizienter sein, nur über city_id statt über beide Spalten zu gruppieren, weil das einen viel kürzeren Sortierschlüssel ergibt. Das Sortieren der Gruppe wird wahrscheinlich schneller ablaufen und weniger temporären Speicherplatz in Anspruch nehmen. Ein Möglichkeit, das zu erreichen, wäre:

```
SELECT c.city_id, MAX(c.city_name), COUNT(*)
FROM city c INNER JOIN attraction a
    ON c.city_id = a.city_id
GROUP BY c.city_id;
```

Ich habe die city_name-Spalte aus der GROUP BY-Klausel entfernt. Um das zu kompensieren, habe ich willkürlich die MAX-Funktion auf dieselbe Spalte in der SELECT-Liste angewandt. Damit wird der Bedingung entsprochen, dass alle Nicht-GROUP BY-Ausdrücke von einer Aggregatfunktion erfasst werden müssen. Aber wir erhalten trotzdem noch einen verwendbaren Stadtnamen. Weil alle Stadtnamen in einer Gruppe mit demselben city_id-Wert identisch sind, kann MAX nur diesen einen Namen zurückliefern.

Vor dem Join gruppieren

Die GROUP BY-Beispiele im vorangegangenen Abschnitt schließen einen Join ein, der der Gruppierungsoperation vorangeht. Setzt man eine Unterabfrage ein, ist es möglich, die Abfrage so zu formulieren, dass der Join erst nach der Zusammenfassung erfolgt und nicht vorher:

```
SELECT c.city_name, agg.attcount
FROM city c INNER JOIN (
    SELECT city_id, COUNT(*) attcount
    FROM attraction
    GROUP BY city_id) agg
ON c.city_id = agg.city_id;
```

Der Vorteil dabei ist, dass der Join erheblich weniger Zeilen einschließt, weil die Zusammenfassung vor dem Join erfolgt und nicht danach. Ein weiterer Vorteil ist eine mögliche Reduzierung der Lese- und Schreibvorgänge sowie Speicheranforderungen, da die in der GROUP BY-Operation und der nachfolgende Zusammenfassung erfassten Zeilen keine Daten aus der Tabelle city mehr einschließen.

HAVING

Verwenden Sie die HAVING-Klausel, um Einschränkungen für die von einer GROUP BY-Abfrage zurückgelieferten Zeilen anzugeben. Machen Sie z.B. Folgendes, um nur die Städte aufzuführen, die mehr als eine Attraktion haben:

```
SELECT c.city_name, COUNT(*)
FROM city c INNER JOIN attraction a
    ON c.city_id = a.city_id
GROUP BY c.city_name
HAVING COUNT(*) > 1;
```

Verwenden Sie niemals eine Bedingung in einer HAVING-Klausel, die keine Zusammenfassung einschließt. Betrachten Sie die folgende Abfrage, mit der die Attraktionen in den Städten der Keweenaw-Halbinsel aufgeführt werden:

```
SELECT c.city_name, COUNT(*)
FROM city c INNER JOIN attraction a
```

```
    ON c.city_id = a.city_id
GROUP BY c.city_name
HAVING c.city_name IN
   ('Copper Harbor', 'Hancock');
```

Diese Abfrage kann erheblich effizienter formuliert werden, wenn die Einschränkung für den Stadtnamen in der WHERE-Klausel steht:

```
SELECT c.city_name, COUNT(*)
FROM city c INNER JOIN attraction a
     ON c.city_id = a.city_id
WHERE c.city_name IN
   ('Copper Harbor', 'Hancock')
GROUP BY c.city_name;
```

Die WHERE-Klausel reduziert die Anzahl der Zeilen, die in die GROUP BY-Operation einbezogen werden. Es müssen weniger Zeilen sortiert und weniger Zusammenfassungen durchgeführt werden. Verwenden Sie eine HAVING-Klausel, um die Zeilen zu filtern, die aus einer GROUP BY-Operation kommen, wenn Sie zusammengefasste Werte filtern müssen.

GROUP BY-Erweiterungen (Oracle)

Oracle implementiert einige nützliche GROUP BY-Erweiterungen: ROLLUP, CUBE und GROUPING SETS. Die folgenden Abschnitte beschreiben diese Funktionen und behandeln außerdem einige skalare Funktionen, die Ihnen dabei helfen können, mit den Ergebnissen von Oracles Erweiterungen umzugehen.

ROLLUP (Oracle)

Die ROLLUP-Operation erzeugt eine Zusammenfassungszeile für jede Gruppe:

```
SELECT cy.county_name, c.city_name,
      COUNT(a.attraction_id) cnt
FROM (county cy INNER JOIN city c
     ON cy.county_id = c.county_id)
     INNER JOIN attraction a
     ON c.city_id = a.city_id
GROUP BY ROLLUP(cy.county_name, c.city_name)
HAVING COUNT(a.attraction_id) > 1;
```

Hier sehen Sie die Ausgabe dieser Abfrage. Die fett gedruckten Zeilen sind die, die ausgegeben werden, weil ROLLUP verwendet wird:

```
COUNTY_NAME      CITY_NAME              CNT
---------------- ---------------- ----------
Alger            Munising                  3
Alger                                      3
Houghton         Hancock                   3
Houghton                                   3
Marquette        Ishpeming                 2
Marquette        Marquette                 3
Marquette                                  5
                                          20
```

Die GROUP BY-Operation hat die übliche Zusammenfassung für die Städte erstellt. Die ROLLUP-Operation hat diesem Zusammenfassungen für alle anderen möglichen Stufen hinzugefügt: nach Bezirk und für die ganze Zeilenmenge. Sie sehen, dass der Bezirk Marquette fünf Attraktionen hat und dass es insgesamt 20 Attraktionen gibt.

Sie müssen ROLLUP nicht über alle GROUP BY-Spalten ausführen. Die folgende Klausel bewirkt, dass für jede Stadt und jeden Bezirk gezählt wird, lässt aber die Zeile für die Gesamtsumme weg, die beim vorigen Beispiel erzeugt wurde:

```
GROUP BY cy.county_name, ROLLUP(c.city_name)
```

CUBE (Oracle)

CUBE treibt die Sache noch einen Schritt weiter. Es erzeugt Zusammenfassungen für alle möglichen Kombinationen der Spalten, die Sie angeben, und liefert auch eine Gesamtsumme:

```
SELECT cy.county_name, c.city_name,
       COUNT(a.attraction_id) cnt
FROM (county cy INNER JOIN city c
     ON cy.county_id = c.county_id)
     INNER JOIN attraction a
     ON c.city_id = a.city_id
WHERE cy.county_name = 'Houghton'
GROUP BY CUBE(cy.county_name, c.city_name);
```

COUNTY_NAME	CITY_NAME	CNT
		3
	Hancock	3
Houghton		3
Houghton	Hancock	3

GROUPING SETS (Oracle)

GROUPING SETS wurde in Oracle9*i* eingeführt und ermöglicht Ihnen, die Gruppierungen anzugeben, die Sie benötigen:

```
SELECT cy.county_name, c.city_name,
       COUNT(a.attraction_id) cnt
FROM (county cy INNER JOIN city c
    ON cy.county_id = c.county_id)
    INNER JOIN attraction a
    ON c.city_id = a.city_id
GROUP BY
   GROUPING SETS(cy.county_name, c.city_name)
HAVING COUNT(a.attraction_id) > 1;
```

COUNTY_NAME	CITY_NAME	CNT
Alger		3
Houghton		3
Marquette		5
	Hancock	3
	Ishpeming	2
	Marquette	3
	Munising	3

Hier erzeugt GROUPING SETS eine Zusammenfassung nach Bezirk und Stadt. Ohne GROUPING SETS würden Sie zwei Abfragen ausführen müssen, um dieselben Informationen zu erhalten.

Verwandte Funktionen (Oracle)

Die folgenden Funktionen sind nützlich, wenn Sie Oracles erweiterte GROUP BY-Features verwenden:

GROUPING(*Spalte*)
    Liefert 1, wenn das Ergebnis einer CUBE-, ROLLUP- oder GROUPING SETS-Operation ein NULL-Wert war. Andernfalls liefert es 0.

GROUPING_ID(*Spalte, Spalte, ...*)

Ähnlich wie GROUPING, erzeugt aber einen Bit-Vektor mit Einsen und Nullen, die wiedergeben, ob die entsprechenden Spalten NULL-Werte enthalten, die von einem erweiterten GROUP BY-Feature erzeugt wurden. Ist ab Oracle9*i* verfügbar.

GROUP_ID( )

Ermöglicht Ihnen, doppelte Zeilen in der Ausgabe von CUBE, ROLLUP und GROUPING SETS zu unterscheiden. Die Funktion liefert 0 bis $n-1$ für jede Zeile in einer Menge von n Duplikaten. Sie können diesen Rückgabewert verwenden, um zu entscheiden, wie viele Duplikate Sie behalten wollen. Verwenden Sie HAVING GROUP_ID( )=0, um alle Duplikate zu entfernen.

GROUP BY-Erweiterungen (SQL Server)

SQL Server implementiert ebenfalls die GROUP BY-Erweiterungen CUBE und ROLLUP, tut dies aber auf eine etwas andere und etwas weniger flexible Weise als Oracle.

ROLLUP (SQL Server)

Verwenden Sie ROLLUP, um eine Zusammenfassungszeile für jede Gruppe zu erzeugen:

```
SELECT cy.county_name, c.city_name,
       COUNT(a.attraction_id) cnt
FROM (county cy INNER JOIN city c
     ON cy.county_id = c.county_id)
     INNER JOIN attraction a
     ON c.city_id = a.city_id
GROUP BY cy.county_name, c.city_name WITH ROLLUP
HAVING COUNT(a.attraction_id) > 1;
```

Das Ergebnis dieser Anweisung ist das gleiche wie das der oben gezeigten Oracle-ROLLUP-Abfrage. Bei SQL Server ist es jedoch nicht möglich, ein ROLLUP nur für einige der GROUP BY-Spalten auszuführen. Hier gilt: entweder alles oder nichts.

CUBE (SQL Server)

Verwenden Sie CUBE, um Zusammenfassungen für alle möglichen Kombinationen der GROUP BY-Spalten und eine Gesamtsumme zu erhalten:

```
SELECT cy.county_name, c.city_name,
       COUNT(a.attraction_id) cnt
FROM (county cy INNER JOIN city c
    ON cy.county_id = c.county_id)
    INNER JOIN attraction a
    ON c.city_id = a.city_id
WHERE cy.county_name = 'Houghton'
GROUP BY cy.county_name, c.city_name WITH CUBE;
```

Die Ergebnisse sind die gleichen wie die der oben gezeigten Oracle-CUBE-Abfrage. Ebenso wie bei ROLLUP ist es nicht möglich, CUBE nur auf eine Teilmenge der GROUP BY-Spalten anzuwenden.

GROUPING (SQL Server)

SQL Server unterstützt die gleiche GROUPING-Funktion wie Oracle: Sie liefert 1 oder 0 zurück, je nachdem, ob das Ergebnis einer CUBE- oder ROLLUP-Operation ein NULL-Wert war oder nicht. Zum Beispiel:

```
SELECT cy.county_name, c.city_name,
       COUNT(a.attraction_id) cnt,
       GROUPING(cy.county_name) n1,
       GROUPING(c.city_name) n2
FROM (county cy INNER JOIN city c
    ON cy.county_id = c.county_id)
    INNER JOIN attraction a
    ON c.city_id = a.city_id
WHERE cy.county_name = 'Houghton'
GROUP BY cy.county_name, c.city_name WITH CUBE;
```

In dieser Abfrage liefern die beiden GROUPING-Aufrufe 1 zurück, wenn die entsprechenden Spalten der Ergebnismenge einen NULL-Wert enthalten, der durch die CUBE-Operation erzeugt wurde.

```
COUNTY_NAME CITY_NAME CNT N1 N2
----------- --------- --- -- --
Houghton    Hancock     3  0  0
```

Houghton	NULL	3	0	1
NULL	NULL	3	1	1
NULL	Hancock	3	1	0

Hierarchische Abfragen

ANSI/ISO und Oracle bieten unterschiedliche Syntaxformen, um Daten über eine rekursive Eltern-Kind-Beziehung abzufragen. Das klassische Beispiel für eine solche Beziehung ist eine Materialliste, in der eine Menge aus Teilmengen zusammengesetzt ist, die wieder aus weiteren Teilmengen zusammengesetzt sind und so weiter in einer unbestimmten Anzahl von Stufen, bis die einzelnen Stücke am Ende erreicht werden.

Das rekursive ANSI/ISO WITH (DB2)

DB2 unterstützt die rekursive ANSI/ISO-Anwendung von WITH, um hierarchische und rekursive Daten abzufragen. Beispielsweise könnten Sie Folgendes schreiben, um die Struktur der Materialrechnungen in der Tabelle bill_of_materials abzufragen:

```
WITH recursiveBOM
    (level, assembly_id, assembly_name,
     parent_assembly) AS
(SELECT 1,
        parent.assembly_id,
        parent.assembly_name,
        parent.parent_assembly
FROM bill_of_materials parent
WHERE parent.assembly_id=100
UNION ALL
SELECT parent.level+1,
       child.assembly_id,
       child.assembly_name,
       child.parent_assembly
FROM recursiveBOM parent, bill_of_materials child
WHERE child.parent_assembly = parent.assembly_id)
SELECT level, assembly_id,
       parent_assembly, assembly_name
FROM recursiveBOM;
```

Der größte Teil dieser Anweisung besteht aus einer Unterabfrage namens `recursiveBOM`, die über eine WITH-Klausel angegeben wird. Diese Unterabfrage besteht aus zwei SELECTs, die über ein UNION vereint werden:

- Betrachten Sie das erste SELECT als den Anfangspunkt der UNION-Abfrage.
- Betrachten Sie das zweite SELECT als Definition der rekursiven Verknüpfung zwischen Eltern- und Kindzeilen.

Das zweite SELECT bringt die Kinder des ersten ins Spiel. Weil das zweite SELECT die benannte Unterabfrage referenziert, von der es (selbst) ein Teil ist, bringt das zweite SELECT rekursiv die Zeilen zurück, die vom zweiten SELECT geliefert wurden. Das eigentliche SELECT löst all diese Rekursionen aus, indem es einfach die benannte Unterabfrage abfragt.

TIPP

Wenn Sie eine ausführlichere Erklärung dazu haben wollen, was passiert, wenn ein rekursives WITH ausgeführt wird, lesen Sie den Artikel »Understanding the WITH Clause« unter *http://gennick.com/with*.

DB2 liefert rekursive Ergebnisse in der folgenden Reihenfolge, die sich von der Reihenfolge unterscheidet, die Ihnen Oracle liefert:

1. Wurzelknoten
2. Direkte Kinder des Wurzelknotens
3. Kinder der direkten Kinder des Wurzelknotens
4. Und so weiter.

Legen Sie, wie in dieser Beispielabfrage gezeigt, eine LEVEL-Spalte an, um Ihre Tiefe in der Hierarchie zu speichern. Machen Sie es so, dass das erste SELECT für diese Spalte 1 und das zweite SELECT `parent.level+1` liefert. Dann hat der Wurzelknoten die Stufe 1, die direkten Kinder des Wurzelknotens die Stufe 2 und so weiter bis hinunter zum Boden der Hierarchie.

CONNECT BY-Syntax (Oracle)

Verwenden Sie die CONNECT BY-Syntax und die verwandten Funktionen, um rekursive Abfragen in Oracle zu schreiben. Auch wenn Oracle die ANSI-übliche rekursive Verwendung von WITH nicht unterstützt, sind die Features von Oracles CONNECT BY sicher nützlicher und einfacher zu verwenden.

CONNECT BY, START WITH und PRIOR (Oracle)

Um Daten in einer Hierarchie zurückzuliefern, geben Sie mit START WITH einen Anfangsknoten an und legen die Eltern-Kind-Beziehung mit CONNECT BY fest:

```
SELECT assembly_id, assembly_name, parent_assembly
FROM bill_of_materials
START WITH assembly_id = 100
CONNECT BY parent_assembly = PRIOR assembly_id;

ASSEMBLY_ID ASSEMBLY_NAME            PARENT_ASSEMBLY
----------- ----------------------- ---------------
        100 Automobile
        110 Combustion Engine                   100
        111 Piston                              110
        112 Air Filter                          110
        113 Spark Plug                          110
        114 Block                               110
        115 Starter System                      110
        116 Alternator                          115
        117 Battery                             115
        118 Starter Motor                       115
    ...
```

Die START WITH-Klausel gibt die erste Zeile an, die Oracle beachtet. In diesem Beispiel beginnt die Datenbank mit der Zusammenstellung Nr. 100, dem Auto. Verwenden Sie die CONNECT BY-Klausel, um die Beziehung zwischen Eltern- und Kindzeilen anzugeben. In dieser Materialliste muss, während Sie sich in der Hierarchie nach unten bewegen, die parent_assembly jedes Kinds der assembly_id der Elternzeile entsprechen.

Verwenden Sie die Bedingung START WITH parent_assembly IS NULL, um alle Zusammenstellungen und ihre Teilzusammenstellungen auszugeben.

In einer CONNECT BY-Abfrage repräsentiert das Schlüsselwort PRIOR einen Operator, der einen Spaltenwert aus der Elternspalte zurückliefert. PRIOR wird häufig verwendet, um rekursive Beziehungen zu definieren, aber Sie können PRIOR auch in SELECT-Listen, WHERE-Klauseln oder an jeder beliebigen anderen Stelle verwenden, an der Sie einen Wert aus der Elternzeile der aktuellen Zeile referenzieren wollen.

HINWEIS

CONNECT BY ist nicht auf hierarchische Daten beschränkt. Alle Daten, die auf rekursive Weise verknüpft sind, sind Kandidaten für CONNECT BY-Abfragen. Siehe »Finding Flight Legs« unter *http://gennick.com/flight*.

WHERE-Klauseln (Oracle)

CONNECT BY-Abfragen können WHERE-Klauseln haben, aber oft kommt das nicht vor, weil in der Regel die START WITH-Bedingung diejenigen Bäume identifiziert, die von Interesse sind.

Joins (Oracle)

CONNECT BY-Abfragen können Joins enthalten. In diesem Fall kommt die folgende Abfolge an Operationen zur Geltung:

1. Der Join wird zunächt materialisiert. Das bedeutet, dass zunächst alle Join-Prädikate ausgewertet werden.
2. Die CONNECT BY-Verarbeitung wird auf diejenigen Daten angewandt, die von der Join-Operation zurückgeliefert werden.
3. Alle filternden Prädikate aus möglichen WHERE-Klauseln werden auf die Ergebnisse der CONNECT BY-Operation angewandt.

Seien Sie vorsichtig! Schreiben Sie keine Joins, die unbeabsichtigt Knoten aus der Hierarchie entfernen, die Sie abfragen.

Hierarchische Sortierungen (Oracle)

Oracles CONNECT BY-Syntax impliziert eine Abfolge, in der auf jeden Elternknoten seine direkten Kinder folgen, auf die wiederum die direkten Kinder dieser direkten Kinder folgen und so weiter. Es passiert selten, dass man eine gewöhnliche ORDER BY-Klausel in einer CONNECT BY-Abfrage angibt, weil die resultierende Sortierung die hierarchische Anordnung der Daten zerstört. Ab Oracle9i können Sie jedoch die neue ORDER SIBLINGS BY-Klausel verwenden, um jede Stufe unabhängig zu sortieren, ohne dabei die Hierarchie zu zerstören:

```
SELECT assembly_id, assembly_name, parent_assembly
FROM bill_of_materials
START WITH assembly_id = 100
CONNECT BY parent_assembly = PRIOR assembly_id
ORDER SIBLINGS BY assembly_name;
```

```
ASSEMBLY_ID ASSEMBLY_NAME            PARENT_ASSEMBLY
----------- ----------------------- ---------------
        100 Automobile
        120 Body                                 100
        122 Left Door                            120
        139 Left Door Frame                      122
        140 Left Window                          122
        141 Lock                                 122
        123 Right Door                           120
        144 Lock                                 123
        142 Right Door Frame                     123
        143 Right Window                         123
        121 Roof                                 120
```

Wenn Sie diese Ergebnisse sorgfältig betrachten, werden Sie erkennen, dass auf der ersten Stufe unter Automobile Body steht und darauf Roof folgt. Unterhalb von Body finden Sie Left Door und Right Door. Jede Stufe in der Hierarchie wird unabhängig sortiert, und doch folgen auf jede Elternzeile immer noch ihre unmittelbaren Kinder – die Hierarchie bleibt intakt.

Schleifen in hierarchischen Daten (Oracle)

Hierarchische Daten können gelegentlich falsch aufgebaut sein, weil ein Kind einer Zeile zugleich die Elternzeile oder ein anderer

Vorfahr dieser Zeile sein kann. Eine solche Situation führt zu einer *Schleife*. Um derartige Probleme festzustellen, können Sie Ihrer CONNECT BY-Klausel NOCYCLE und Ihrer SELECT-Liste die Pseudospalte CONNECT_BY_ISCYCLE hinzufügen:

```
SELECT RPAD(' ', 2*(LEVEL-1))
       || assembly_name assembly_name,
       quantity, CONNECT_BY_ISCYCLE
FROM bill_of_materials
START WITH assembly_id = 100
CONNECT BY NOCYCLE parent_assembly = PRIOR assembly_id;
```

NOCYCLE verhindert, dass Oracle rekursiven Schleifen in den Daten folgt. CONNECT_BY_ISCYCLE liefert für jede Zeile, die ein Kind hat, das zugleich eine Elternzeile oder ein anderer Vorfahr ist, 1 zurück.

Führen Sie die folgende Anweisung aus, um eine Schleife in den Beispieldaten zu diesem Buch zu erzeugen:

```
UPDATE bill_of_materials
SET parent_assembly = 113
WHERE assembly_id=100;
```

Führen Sie für diese Anweisung kein COMMIT aus. Führen Sie das obige SELECT aus, um die Zeile mit dem problematischen Kind zu finden. Führen Sie dann ein ROLLBACK aus, um die Daten in ihrem ursprünglichen Zustand wiederherzustellen.

CONNECT BY-Funktionen und -Operatoren (Oracle)

Oracle implementiert eine Reihe von hilfreichen Funktionen und Operatoren, die beim Schreiben von CONNECT BY-Abfragen verwendet werden können:

CONNECT_BY_ISCYCLE
  Liefert 1, wenn das Kind einer Zeile zugleich ihr Vorfahr ist. Liefert andernfalls 0 zurück. Wird mit CONNECT BY NOCYCLE verwendet (ab Oracle10*g*).

CONNECT_BY_ISLEAF
  Liefert 1 für Blattzeilen und 0 für Zeilen, die Kinder haben (ab Oracle10*g*).

`CONNECT_BY_ROOT(`*`Spalte`*`)` *oder* `CONNECT_BY_ROOT` *`Spalte`*

Liefert einen Wert aus der Wurzelzeile. Siehe PRIOR (ab Oracle10*g*).

`LEVEL`

Liefert 0 für den Wurzelknoten der Hierarchie: 1 für Knoten direkt unterhalb der Wurzel, 2 für die nächste Stufe von Knoten und so weiter. LEVEL wird oft verwendet, um hierarchische Ergebnisse einzurücken. Beispielsweise kann die Zauberformel `RPAD(' ', 2*(LEVEL-1)) ||` *`erste_Spalte`* verwendet werden, um jede Stufe zwei Leerzeichen weiter einzurücken als die vorangehende.

`PRIOR(`*`Spalte`*`)` *oder* `PRIOR` *`Spalte`*

Liefert einen Wert aus der Elternzeile der Zeile. Siehe CONNECT_BY_ROOT.

`SYS_CONNECT_BY_PATH (`*`Spalte`*`,` *`Begrenzer`*`)`

Liefert eine aneinander gehängte Liste von *Spalte*-Werten als Pfad von der Wurzel zum aktuellen Knoten. Jedem Spaltenwert wird ein *Begrenzer* vorangestellt. Fügen Sie der SELECT-Liste im vorangehenden Abschnitt `SYS_CONNECT_BY_PATH (assembly_id, '/')` hinzu, erhalten Sie Ergebnisse wie `/100`, `/100/120` und `/100/120/122` (ab Oracle9*i*).

INSERT: Daten einfügen

Verwenden Sie die INSERT-Anweisung, um neue Zeilen in eine Tabelle einzufügen. Sie können eine Zeile einfügen oder das Ergebnis einer Unterabfrage.

Eine Zeile einfügen

Sie nehmen die folgende Form von INSERT, um einer Tabelle eine Zeile hinzuzufügen:

```
INSERT INTO Tabelle
(Spalte, Spalte, Spalte, ...)
VALUES (Wert, Wert, Wert, ...)
```

Das folgende Beispiel fügt der Tabelle artist einen Interpreten hinzu. Die Werte in der VALUES-Klausel müssen den Spalten entsprechen, die nach dem Tabellennamen aufgeführt werden:

```
INSERT INTO artist (website, name)
VALUES ('www.gennick.com/andrew/',
        'Andrew Sears');
```

Alle Spalten, die Sie in einer INSERT-Anweisung weglassen, werden mit den Standardwerten initialisiert, die festgelegt wurden, als die Tabelle angelegt wurde. Der Standard-Standardwert dabei ist NULL:

```
INSERT INTO artist (name)
VALUES ('Jeff Gennick');
```

Verwenden Sie das DEFAULT-Schlüsselwort, um explizit festzulegen, dass eine Spalte mit ihrem Standardwert initialisiert werden soll:

```
INSERT INTO artist (name, website)
VALUES ('Anna Sears', DEFAULT);
```

Verwenden Sie das Schlüsselwort NULL, um explizit einen NULL-Wert in eine Spalte einzufügen, die andernfalls standardmäßig auf einen Nicht-NULL-Wert gesetzt würde:

```
INSERT INTO artist (name, website)
VALUES ('Aaron Sears', NULL);
```

Wenn Ihre VALUES-Liste Werte für jede Spalte in der Tabelle enthält und sie in der Reihenfolge stehen, in der die Spalten angegeben wurden, als die Tabelle angelegt wurde, können Sie die Spaltenliste weglassen:

```
INSERT INTO artist
VALUES ('Ted Rexstrew', NULL);
```

Bei allem, was über eine Ad-hoc-Einfügung hinausgeht (also für Abfragen, die Sie in Skripten und Programme einbetten), ist es sicherer, eine Spaltenliste anzugeben. Andernfalls scheitern solche Abfragen, sobald der Zieltabelle neue Spalten hinzugefügt werden.

Ziele für INSERT-Operationen

Auch wenn das Ziel eines INSERT häufig eine Tabelle ist, können Sie auch in einen View oder in eine Unterabfrage einfügen:

```
INSERT INTO (SELECT * FROM cd)
    (cd_id, title, price)
    VALUES (6, 'Andrews Pirated Legends', 9.95);
```

Oracle kann in Views und Unterabfragen einfügen (stellen Sie sich Unterabfragen als *Inline-Views* vor). SQL Server und DB2 unterstützen das Einfügen in Views, aber nicht in Unterabfragen. MySQL unterstützt weder das Einfügen in Views noch in Unterabfragen.

Einfügen mit Unterabfragen

Mit einer Unterabfrage ist es möglich, eine Vielzahl von Zeilen auf einmal einzufügen. Die Syntax ist:

```
INSERT INTO Tabelle (Spalte, Spalte ...)
    (SELECT Ausdruck, Ausdruck ...
     FROM Quelltabelle
     ...)
```

Bei dieser Form eines INSERT muss die SELECT-Anweisung einen Ausdruck für jede Spalte zurückliefern, die nach der Zieltabelle aufgeführt wurde. Manchmal können Sie ohne Klammern um die Unterabfrage auskommen. Aber es ist sicherer, sie einzuschließen. Die Unterabfrage kann eine beliebige gültige SELECT-Anweisung sein. Sie kann null, eine oder mehrere Zeilen zurückliefern.

Hier ein Beispiel für das Einfügen mehrerer Zeilen:

```
INSERT INTO song (cd_id, track, artist)
    (SELECT 6, track, 'Andrew Sears'
     FROM song
     WHERE cd_id=1);
```

Dieses INSERT erzeugt eine Liste mit Songs für CD Nr. 6, die auf der Liste aus CD Nr. 1 basiert, ändert dabei aber den Namen des Künstlers.

Direct-Path-Inserts (Oracle)

Oracle unterstützt so genannte *Direct-Path-Inserts* (ein Einfügen über direkte Pfade), die besonders nützlich sind, um die Leistung zu steigern, wenn Zeilen aus einer Unterabfrage eingefügt werden. Verwenden Sie den Hint APPEND, um ein solches Einfügen auszuführen:

```
INSERT /*+ APPEND */
    INTO song (cd_id, track, artist)
    (SELECT 6, track, 'Andrew Sears'
    FROM song
    WHERE cd_id=1);
```

Direct-Path-Inserts umgehen den Pufferspeicher der Datenbank. Die Daten werden unmittelbar in die Datendateien geschrieben und dabei oberhalb der High-Water-Marke eingefügt. Vorhandener freier Platz wird nicht wieder verwendet.

Direct-Path-Inserts unterliegen einigen Einschränkungen. (Details finden Sie im Abschnitt zu INSERT in Oracles *SQL Reference*.) Wenn Sie eine dieser Einschränkungen verletzen, führt das zu einem Fehler.

Eingefügte Werte zurückliefern (Oracle)

Bei einigen Anwendungen ist es hilfreich, einen oder mehrere der gerade eingefügten Werte zurückzuliefern. Wenn Sie z.B. eine Tabelle haben, bei der der Primärschlüssel automatisch erhöht wird, möchten Sie vielleicht erfahren, welcher Schlüsselwert der Zeile zugewiesen wurde, die Sie gerade eingefügt haben. Statt die Zeile mit einem SELECT erneut auszuwählen, können Sie einfach die RETURNING-Klausel verwenden. Hier sehen Sie ein Beispiel, das in Oracle SQL*Plus funktioniert:

```
VARIABLE url VARCHAR2(25);

INSERT INTO artist (name)
    VALUES ('Donna Gennick')
    RETURNING website INTO :url;
```

Der Befehl VARIABLE ist ein SQL*Plus-Befehl zum Anlegen einer Bind-Variablen. Dieses Beispiel liefert eine Spalte zurück. Sie können mehr als eine zurückliefern, indem Sie einfach Spaltennamen und Ergebnisvariablen durch Kommata trennen

```
RETURNING Sp1, Sp2 ... INTO Var1, Var2 ...
```

SQL Server, DB2 und MySQL bieten keine Unterstützung für die RETURNING-Klausel.

Multi-Table-Inserts (Oracle)

Bei Oracle können Sie INSERTs ausführen, die mehrere Tabellen auf einmal betreffen. Sie können die Ergebnisse einer Unterabfrage bedingungslos in verschiedene Tabellen einfügen, oder Sie können Prädikate schreiben, die steuern, welche Zeilen in welche Tabellen eingefügt werden. Wenn Sie sich entschließen, Prädikate zu schreiben, können Sie wählen, ob die Auswertung beim ersten Treffer abgeschlossen wird oder ob berücksichtigt werden soll, ob die Zeile in mehr als eine Tabelle eingefügt werden könnte.

Bedingunglose Multi-Table-Inserts (Oracle)

Verwenden Sie INSERT ALL, um die Ergebnisse einer Unterabfrage in mehr als eine Tabelle einzufügen:

```
INSERT ALL
    INTO attraction_urls (id, url)
    VALUES (attraction_id,
            'http://' || attraction_url)
    INTO attraction_names (id, name)
    VALUES (attraction_id, UPPER(attraction_name))
    SELECT attraction_id, attraction_url,
           attraction_name
    FROM attraction;
```

Mit diesem INSERT werden URLs und Namen in zwei separate Tabellen geschrieben. In beide Tabellen werden unterschiedliche Daten geschrieben, aber alle Daten kommen aus derselben Unterabfrage. Jede von der Unterabfrage zurückgelieferte Zeile führt zu zwei neuen Zeilen, jeweils einer in jeder der beiden Tabellen.

Bedingte Multi-Table-Inserts (Oracle)

Verwenden Sie WHEN-Klauseln, um bedingt in mehrere Tabellen einzufügen. Das folgende Beispiel setzt Attraktionen auf Basis der in den Beispieldaten angegebenen Städte nach Bezirk (Alger- bzw. Marquette-Bezirk) in unterschiedliche Tabellen:

```
INSERT ALL
   WHEN attraction_id = 1 THEN
      INTO alger_attractions
      VALUES (attraction_id, attraction_name,
              attraction_url, government_owned,
              city_id)
   WHEN attraction_id IN (3,16) THEN
      INTO marquette_attractions
      VALUES (attraction_id, attraction_name,
              attraction_url, government_owned,
              city_id)
   ELSE INTO other_attractions
       VALUES (attraction_id, attraction_name,
              attraction_url, government_owned,
              city_id)
   SELECT * FROM attraction;
```

Die ELSE-Klausel dieser Anweisung sorgt dafür, dass alle Zeilen, die keinem der beiden anderen Kriterien genügen, der Tabelle other_attractions hinzugefügt werden. Die ELSE-Klausel ist optional. Lassen Sie sie weg, wenn Sie die Zeilen ignorieren wollen, die nicht mindestens einer der WHEN-Bedingungen genügen.

ALL versus FIRST (Oracle)

In einem bedingten Multi-Table-INSERT bewirkt das Schlüsselwort ALL, dass jede Zeile, die von der Unterabfrage zurückgeliefert wird, mit jeder WHEN-Klausel geprüft wird. Also kann eine Zeile, die den Kriterien zweier Klauseln genügt, in mehr als eine Tabelle eingefügt werden. Verwenden Sie INSERT FIRST, um die Auswertung nach der ersten zutreffenden WHEN-Klausel abzubrechen.

Joins: Tabellen verknüpfen

Joins ermöglichen Ihnen, Daten aus mehreren Tabellen in einer Ergebnismenge zu vereinen. Es gibt zwei Grundtypen von Joins: den *Inner Join* und den *Outer Join*. Es existieren zwei Syntaxformen für Joins: die neuere SQL 1992-Syntax, die auf einer JOIN-Klausel basiert (und die Sie wenn möglich verwenden sollten), und eine ältere Syntax, in der Sie Tabellennamen mit Kommata abtrennen. (Die zweite Form sehen Sie oft in älterem Code.)

Join-Grundlagen

Ich kann am besten erklären, was unter einem Join zu verstehen ist, wenn ich mit der früheren, veralteten Syntax beginne. Um aufeinander bezogene Zeilen aus zwei Tabellen zu verknüpfen, beginnen Sie damit, dass Sie zwei durch Kommata getrennte Tabellenausdrücke in Ihrer FROM-Klausel aufführen. Um eine Liste mit den Attraktionen in Staatsbesitz und den Stadtnamen zu erhalten, könnten Sie beispielsweise Folgendes schreiben:

```
SELECT attraction_name, city_name
FROM city, attraction
WHERE government_owned='Y';

ATTRACTION_NAME                          CITY_NAME
---------------------------------------  ----------------
Pictured Rocks                           Munising
Pictured Rocks                           St. Ignace
Pictured Rocks                           Marquette
...
```

Hier ist offensichtlich etwas schief gegangen – ein und dieselbe Attraktion kann unmöglich in all diesen Städten liegen. Das Problem ist, dass der Join in diesem Beispiel ein *Kartesischer Join* ist, bei dem alle möglichen Kombinationen von Stadt und Attraktion zurückgeliefert werden. Eine solche Kombination wird als *Kartesisches Produkt* bezeichnet und ist wohl kaum das Ergebnis, das Sie haben wollen.

Theoretisch betrachtet, fangen alle Joins als Kartesische Produkte an. An diesem Punkt ist es dann an Ihnen, die Bedingungen einfließen zu lassen, um das Ergebnis auf die Zeilen einzuengen, die Sinn machen. Bei der älteren Join-Syntax können Sie die Eingrenzung in der WHERE-Klausel durchführen:

```
SELECT attraction_name, city_name
FROM city c, attraction a
WHERE government_owned='Y'
AND c.city_id = a.city_id;
```

```
ATTRACTION_NAME                          CITY_NAME
-----------------------------------      ---------------
Pictured Rocks                           Munising
Valley Spur                              Munising
Mackinac Bridge                          St. Ignace
...
```

Diese Ergebnisse sind wahrscheinlicher. Betrachten Sie die folgende Bedingung in der WHERE-Klausel:

```
AND c.city_id = a.city_id;
```

Eine solche Bedingung wird oftmals als *Join-Bedingung* bezeichnet. Sie knüpft die erwünschten Zeilen aus zwei Tabellen zusammen. In diesem Fall erzeugt die kommaseparierte Liste von Tabellennamen in der FROM-Klausel ein Kartesisches Produkt. Dieses Kartesische Produkt wird in der WHERE-Klausel weiterverarbeitet, die alle Zeilen verwirft, die Sie in der endgültigen Ergebnismenge nicht haben wollen.

TIPP

Wenn Ihre Datenbank das Schlüsselwort JOIN unterstützt, sollten Sie die neuere 1992-Join-Syntax verwenden, die im Rest dieses Abschnitts zu Joins beschrieben wird.

Der Prozess, den ich gerade beschrieben habe, ist rein theoretisch – Datenbanken bilden bei der Ausführung eines Joins nur selten oder sogar nie ein Kartesisches Produkt. Aber in diesen theoretischen Gebilden zu denken wird Ihnen helfen, korrekte Join-Abfragen zu schreiben und die Ergebnisse dieser Abfragen zu verstehen. Unabhängig davon, in welcher Form die Join-Operation optimiert ist, müssen Joins am Ende den theoretischen Ergebnissen genügen. Verzetteln Sie sich nicht darin, wie Ihre Datenbank Joins ausführt. Arbeiten Sie sich anhand des theoretischen Ablaufs zu den richtigen Ergebnissen vor und kümmern Sie sich erst dann darum, wie Ihre Datenbank den Join tatsächlich ausführt, wenn er die Ergebnisse hervorbringt, die Sie haben wollen.

Cross Joins

Der ANSI-Standard verwendet den Begriff *Cross Join*, um ein Kartesisches Produkt zu beschreiben. Einen solchen Cross Join erzeugen Sie folgendermaßen:

```
SELECT *
FROM city CROSS JOIN attraction;
```

Die Schlüsselwörter CROSS JOIN kommen aus der neueren SQL 1992-Join-Syntax. Mit dieser Syntax ist es unmöglich, unbeabsichtigt ein Kartesisches Produkt zu erzeugen, weil man die Join-Bedingung weggelassen hat. Sie müssen solche Ergebnisse explizit anfordern, und die sind nur selten (wenn überhaupt jemals) nützlich.

Inner Joins

Ein *Inner Join* bezieht jede Zeile einer Tabelle auf eine oder mehrere korrespondierende Zeilen in einer anderen Tabelle. Jede Ergebniszeile aus einem Inner Join repräsentiert die Kombination von Werten zweier bezogener Zeilen, eine aus jeder der Tabellen, die verknüpft werden.

SQL 1992-Inner Join-Syntax

Das folgende Beispiel illustriert die SQL 1992 Inner Join Syntax. Die Tabelle city wird so mit der Tabelle attraction verknüpft, dass jede Attraktion in der entsprechenden Stadt aufgeführt werden kann.

```
SELECT c.city_name, a.attraction_name
FROM city c INNER JOIN attraction a
    ON c.city_id = a.city_id;

CITY_NAME        ATTRACTION_NAME
---------------  --------------------
Munising         Pictured Rocks
```

```
Munising          Valley Spur
Munising          Shipwreck Tours
...
```

Die Schlüsselwörter INNER JOIN zwischen den beiden Tabellen geben an, dass der Join ein Inner Join sein soll. Die ON-Klausel gibt die *Join-Bedingung* an, die Bedingung, die zutreffen muss, damit zwei Zeilen als bezogen betrachtet werden. Theoretisch wird, wie im vorangegangenen Abschnitt beschrieben, ein Kartesisches Produkt gebildet und wird die Join-Bedingung angewandt, um die unerwünschten Zeilenkombinationen auszusieben.

Die Reihenfolge der Tabellen in einem Inner Join ist irrelevant. Das Schlüsselwort INNER ist optional. Die folgende Abfrage erzeugt das gleiche Ergebnis wie die vorangehende:

```
SELECT c.city_name, a.attraction_name
FROM attraction a JOIN city c
    ON c.city_id = a.city_id;
```

Eine WHERE-Klausel ist in Inner Joins trotzdem noch zulässig. Geben Sie Folgendes an, um z.B. nur die Touristenattraktionen in Staatsbesitz auszugeben:

```
SELECT c.city_name, a.attraction_name
FROM attraction a JOIN city c
    ON c.city_id = a.city_id
WHERE a.government_owned='Y';
```

Theoretisch werden zuerst die Join-Ergebnisse ermittelt. Dann erst schränkt die WHERE-Klausel die Ergebnisse auf die verknüpften Zeilen ein, die den WHERE-Bedingungen genügen.

Vorang bei Joins und Klammern

Mehrere Joins werden von links nach rechts verarbeitet. Beispielweise verknüpft die folgende Abfrage zunächst county mit city und dann diese Ergebnisse mit attraction:

```
SELECT *
FROM county y JOIN city c
    ON y.county_id = c.county_id
    JOIN attraction a
    ON c.city_id = a.city_id;
```

Sie können Klammern verwenden, um explizit die Abfolge der Operationen festzulegen. In semantischer Hinsicht ist die folgende Abfrage mit der ersten identisch:

```
SELECT *
FROM (county y JOIN city c
    ON y.county_id = c.county_id)
    JOIN attraction a
    ON c.city_id = a.city_id;
```

Um die Join-Reihenfolge umzukehren, also beispielsweise zuerst attraction mit city zu verknüpfen, *bevor* diese Ergebnisse mit county verknüpft werden, müssen Sie die Abfrage folgendermaßen umstellen. Beachten Sie die Verschiebung der ON-Klausel für den Join mit county. Sie steht jetzt am Ende der Abfrage:

```
SELECT *
FROM county y JOIN (city c
    JOIN attraction a
    ON c.city_id = a.city_id)
    ON y.county_id = c.county_id;
```

Klammern und die Abfolge der Join-Operationen werden wichtig, wenn Sie mit Outer Joins arbeiten. Wenn Sie nur mit Inner Joins arbeiten, sollte das Verschieben von Klammern keine Auswirkungen auf die endgültigen Ergebnisse haben, weil definitionsgemäß jede endgültige Ergebniszeile aus einer beliebigen Anzahl von Inner Join-Operationen eine Zeile aus jeder der betroffenen Tabellen wiedergeben muss.

Die USING-Klausel

Wenn die Spalten, die einen Join zwischen zwei Tabellen definieren, den gleichen Namen tragen und wenn die Join-Bedingung eine Gleichheitsbedingung wäre, die fordert, dass jede Menge der gleichnamigen Spalten den gleichen Wert enthält (ein *Equi Join*), dann können Sie den Join etwas einfacher schreiben, indem Sie die ON-Klausel durch eine USING-Klausel ersetzen. Beachten Sie, dass weder SQL Server noch DB2 die USING-Klausel unterstützt.

```
SELECT c.city_name, a.attraction_name
FROM attraction a JOIN city c
    USING (city_id)
WHERE a.government_owned='Y';
```

Diese Abfrage würde in MySQL funktionieren, aber nicht in Oracle. In Oracle gibt es einen feinen, aber wichtigen semantischen Unterschied zwischen den ON- und den USING-Versionen eines Joins. Die ON-Version dieses Joins würde zwei city_id-Spalten liefern, eine aus jeder der verknüpften Tabellen: c.city_id und a.city_id. Die USING-Version hingegen würde nur eine einzige city_id-Spalte liefern, die Sie *nicht* über einen Alias qualifizieren können:

```
SELECT c.city_id, a.city_id, a.attraction_name
FROM attraction a JOIN city c
    USING (city_id);

ERROR at line 1:
ORA-25154: column part of USING clause cannot have qualifier

SELECT city_id, a.attraction_name
FROM attraction a JOIN city c
    USING (city_id);

   CITY_ID ATTRACTION_NAME
---------- -------------------
         1 Pictured Rocks
         1 Valley Spur
         1 Shipwreck Tours
```

Ich habe keine Ahnung, warum es in Oracle diesen semantischen Unterschied zwischen den USING- und ON-Formen eines Joins gibt. MySQL liefert auch mit der USING-Klausel sowohl einen c.city_id- als auch einen a.city_id-Wert.

Natural Joins

Es gibt noch eine andere Kurzform außer USING. Wenn zwei Tabellen auf Basis *aller* Spalten verknüpft werden sollen, die den Namen gemeinsam haben, und der Join ein Equi-Join ist, können Sie die Schlüsselwörter NATURAL JOIN verwenden, ohne explizit die Join-Bedingungen anzugeben. Weder SQL Server noch DB2 unterstützen NATURAL JOINs.

In Oracle dürfen Sie eine NATURAL JOIN-Spalte nicht mit einem Alias qualifizieren:

```
SELECT city_id, a.attraction_name
FROM attraction a NATURAL JOIN city c;
```

In MySQL hingegen *müssen* Sie die Join-Spalten – sogar implizite Join-Spalten – mit Aliasen qualifizieren:

```
SELECT c.city_id, a.attraction_name
FROM attraction a NATURAL JOIN city c;
```

Ich kann die Verwendung von NATURAL JOIN nicht empfehlen, insbesondere nicht in Abfragen, die Sie in Programm-Code einschließen. Sie brauchen einer Tabelle bloß eine Spalte hinzuzufügen, die einen Namen hat, der keinem in der anderen Tabelle entspricht, und schon ändert sich die Semantik einer NATURAL JOIN-Abfrage. Wenn Sie NATURAL JOIN verwenden, nutzen Sie es nur für Ad-hoc-Abfragen, und selbst dann sollten Sie vorsichtig sein!

Nicht-Equi-Joins

Alle Joins, die ich bisher gezeigt habe, waren Equi-Joins, die korrespondierende Spalten aus zwei Tabellen einschlossen, die genau die gleichen Werte in korrespondierenden Zeilen haben. Equi-Joins sind wahrscheinlich die am weitesten verbreiteten Typen von Joins. Aber manchmal ist es hilfreich und notwendig, Join-Bedingungen zu schreiben, die nicht auf Gleichheit basieren. Derartige Joins werden manchmal als *Nicht-Equi-Joins* bezeichnet.

Der folgende Join schließt beispielsweise zwei Tabellen aus dem Kontakt-Beispiel ein und sucht nach Überschneidungen zwischen den Zeiten, in denen sich ein Arbeiter in einem bestimmten Gebäude befand, und den Zeiten, zu denen in diesem Gebäude bestimmte Chemikalien verwendet wurden:

```
SELECT *
FROM worker_location w
     INNER JOIN building_exposure be
     ON w.building_number = be.building_number
     AND w.begin_date <= be.end_date
     AND w.end_date >= be.begin_date;
```

Diese einfache Abfrage achtet nicht darauf, dass es möglich ist, dass eine der Datumsspalten NULL sein könnte, aber sie dient als gutes Beispiel für einen Join, der keine Gleichheitsbedingungen einschließt. Es geht nicht darum, ob zwei Daten gleich sind, sondern darum, ob ein Datum in einen Bereich fällt, der durch zwei andere Daten definiert wird.

Im Abschnitt »NULL-Werte« finden Sie eine Variante dieser Abfrage, die der Möglichkeit von NULL-Werten in den Datumsspalten Rechnung trägt.

Outer Joins

Ein *Outer Join* ist ein Join, in dem jede Zeile der Ergebnismenge nicht notwendigerweise eine Zeile aus den beiden verknüpften Tabellen enthalten muss. Eine oder beide Tabellen werden als optional betrachtet. Wenn Sie möchten, dass der Join nur dann ausgeführt wird, wenn er möglich ist, und Sie trotzdem wollen, dass auf jeden Fall Zeilen zurückgeliefert werden, verwenden Sie einen Outer Join.

Left Outer Joins

Verwenden Sie einen *Left Outer Join*, wenn Sie alle Zeilen aus einer Tabelle haben wollen, gleichgültig ob korrespondierende Zeilen in der anderen Tabelle vorhanden sind. Denken Sie sich eine Attraktion, die nicht an eine Stadt gebunden ist, d.h., in der Tabelle attraction ist eine Zeile vorhanden, bei der city_id NULL ist. Sie wollen *alle* Attraktionen und die jeweilige Stadt aufführen, auch wenn keine entsprechende Stadtzeile existiert. Das können Sie mit einem Left Outer Join erreichen:

```
SELECT c.city_name, a.attraction_name
FROM attraction a LEFT OUTER JOIN city c
    ON c.city_id = a.city_id;

CITY_NAME         ATTRACTION_NAME
----------------  -------------------------
...
Ishpeming         Da Yoopers Tourist Trap
Ishpeming         Ski Hall of Fame
                  Grand Sable Dunes
                  Mount Arvon
                  Wells State Park
```

Ein Left Outer Join macht die am weitesten links stehende Tabelle zur *erforderlichen Tabelle*. In diesem Fall steht die Tabelle attraction am weitesten links. Also muss jede Zeile im Endergebnis einer Zeile aus der Tabelle attraction entsprechen. Die Tabelle city ist die *optionale Tabelle*. Wenn eine Stadtspalte existiert, die mit einer Attraktion korrespondiert, ist das Ergebnis dasselbe wie bei einem Inner Join: eine Zeile mit Werten aus beiden Tabellen. Wenn einer Attraktion keine Stadt entspricht, wird eine Zeile für die Attraktion zurückgeliefert, die aber an Stelle der Werte aus der Tabelle city NULL-Werte enthält.

TIPP

Die Klauseln USING und NATURAL sowie Klammern können bei Outer Joins auf die gleiche Weise verwendet werden wie bei Inner Joins.

Im Beispiel dieses Abschnitts sind die letzten drei Stadtnamen NULL. Das zeigt an, dass diesen Attraktionen keinen Stadtzeilen entsprechen oder dass die entsprechenden Zeilen an Stelle eines Stadtnamens NULL enthalten.

Die NULL-Werte in einem Outer Join deuten

Denken Sie genau nach, wenn Sie Outer Joins schreiben, die Tests auf NULL-Werte enthalten. Die folgende Abfrage versucht, alle Attraktionen in Staatsbesitz aufzuführen und gleichzeitig alle Städte einzuschließen, für die es keine Attraktionen gibt:

```
SELECT attraction_name, city_name
FROM city c LEFT OUTER JOIN attraction a
  ON c.city_id = a.city_id
WHERE a.government_owned = 'Y'
  OR a.government_owned IS NULL;
```

Diese Abfrage ist nur dann zulässig, wenn auf der government_owned-Spalte der Tabelle attraction ein NOT NULL-Constraint besteht. Andernfalls sollten Sie die folgende, sicherere Abfrage verwenden:

```
SELECT attraction_name, city_name
FROM city c LEFT OUTER JOIN attraction a
  ON c.city_id = a.city_id
```

```
WHERE (a.government_owned = 'Y'
      OR a.city_id IS NULL);
```

Der Schlüssel zum Erfolg ist hier, dass `a.city_id` ein Primärschlüssel ist und solche Spalten nicht NULL sein können. `a.city_id IS NULL` ist ein zuverlässiger Hinweis darauf, dass die fragliche Zeile ein Ergebnis des Outer Joins ist und keine Informationen zu Attraktionen enthält.

Right Outer Joins

In semantischer Hinsicht ist ein *Right Outer Join* dasselbe wie ein Left Outer Join. Der Unterschied ist, dass die erforderliche Tabelle diejenige Tabelle ist, die am weitesten rechts steht, d.h. die zweite Tabelle, die aufgeführt wird. Zum Beispiel:

```
SELECT c.city_name, a.attraction_name
FROM city c RIGHT OUTER JOIN attraction a
ON c.city_id = a.city_id;
```

Semantisch gesehen, ist diese Abfrage mit dem Left Outer Join des vorangegangenen Abschnitts identisch: die Tabelle `attraction` bleibt die erforderliche Tabelle, und die Tabelle `city` ist immer noch die optionale Tabelle. Der einzige Unterschied ist die Reihenfolge, in der die Tabellen in der FROM-Klausel aufgeführt werden.

TIPP

Um Verwirrungen zwischen rechts und links zu vermeiden, schreiben viele Programmierer alle derartigen Joins als LEFT OUTER JOINs.

Full Outer Joins

Manchmal möchten Sie einen Outer Join schreiben, in dem beide Tabellen optional sind. Ein solcher Join ist ein *Full Outer Join*. Von MySQL wird dieser nicht unterstützt. Folgendermaßen können Sie einen schreiben:

```
SELECT c.city_name, a.attraction_name
FROM attraction a FULL OUTER JOIN city c
    ON c.city_id = a.city_id;
```

```
CITY_NAME        ATTRACTION_NAME
---------------  -----------------------
Ishpeming        Da Yoopers Tourist Trap
Ishpeming        Ski Hall of Fame
                 Grand Sable Dunes
                 Mount Arvon
                 Wells State Park
Vulcan
Carbondale
Newberry

Brimley
```

Diese Abfrage liefert, zusätzlich zu den standardmäßigen Inner Join-Ergebnissen mit Städten und den entsprechenden Attraktionen, alle Attraktionen ohne Städte und alle Städte ohne Attraktionen.

Herstellerspezifische Outer Join-Syntax

In der Vergangenheit haben Datenbank-Hersteller unterschiedliche Verfahren entwickelt, Outer Joins zu schreiben. In Oracle musste man die optionale Tabelle kennzeichnen, in dem man den Referenzen auf Spalten der optionalen Tabelle in allen Join-Bedingungen für diesen bestimmten Join das Suffix (+) hinzufügte. Die folgende Abfrage führt alle Attraktionen auf und alle Städte, die keine Attraktionen besitzen:

```
SELECT attraction_name, city_name
FROM city c, attraction a
WHERE c.city_id = a.city_id (+);
```

Wird die Reihenfolge der Spalten in den Prädikaten umgedreht, erhält man dasselbe Ergebnis. Der Schlüssel ist die Stellung des (+)-Operators:

```
SELECT attraction_name, city_name
FROM city c, attraction a
WHERE a.city_id (+) = c.city_id;
```

Ältere Versionen von SQL Server unterstützen die Verwendung von *= und =* in Gleichheitsbedingungen, um Left bzw. Right Outer Joins anzuzeigen, zum Beispiel:

```
SELECT attraction_name, city_name
FROM city c, attraction a
WHERE a.city_id *= c.city_id;
```

Oracle und SQL Server unterstützen diese Syntaxformen immer
noch, aber nur im Hinblick auf Abwärtskompatibilität mit vorhan-
denem Code. In neuem Code sollten Sie sie nicht verwenden.

TIPP

Ihre Abfragen werden viel leichter zu verstehen und zu de-
buggen sein, wenn Sie alle Joins mit der JOIN-Klausel des
ANSI-Standards schreiben.

Literale

Alle Datenbanken bieten Möglichkeiten, literale Werte in SQL-
Anweisungen einzubetten. Text-Literale und numerische Literale
sind in der Regel unproblematisch, aber einige Feinheiten muss
man im Blick haben. Datums- und Zeit-Literale neigen dazu, etwas
komplizierter zu sein.

Text-Literale

Der ANSI-Standard für Text-Literale ist, solche Literale in einfache Anführungszeichen einzuschließen:

```
'Das ist ein Text-Literal'
```

Verwenden Sie zwei einfache Anführungszeichen, wenn Sie ein
Anführungszeichen in einen String einbetten müssen:

```
'So ''ne tolle Sache ist SQL!'
```

SQL behandelt die zwei Anführungszeichen als ein einziges Anführungszeichen innerhalb des Literals:

```
So 'ne tolle Sache ist SQL!
```

Stellen Sie dem Text-Literal ein N oder n voran, um ein Literal im
nationalen Zeichensatz (ANSI und Oracle) oder in Unicode (SQL
Server) zu erzeugen:

```
N'Das ist ein Literal im nationalen Zeichensatz'
n'Und das ebenso'
```

DB2 8.1 unterstützt diese Syntax nicht. SQL Server 8 erkennt nur ein großbuchstabiges N an.

Oracle10g ermöglicht Ihnen, alternative Begrenzer festzusetzen, die immer aus zwei Zeichen bestehen und immer führende und anhängende einfache Anführungszeichen einschließen. Beispielsweise könnten Sie Folgendes angeben, um '[und]' als Begrenzer zu verwenden:

```
Q'[Das ist nicht so schlecht, wie es aussieht!]'
q'[Das ist nicht so schlecht, wie es aussieht!]'
```

Die Zeichen (, [und { sind Sonderfälle, weil bei ihnen die entsprechenden schließenden Begrenzer),] und } sein müssen. In allen anderen Fällen verwenden Sie dasselbe Zeichen, um den String zu öffnen und zu schließen:

```
Q'|Dieser String wird von vertikalen Balken eingeschlossen|'
```

Sie können keine Leerzeichen, Tabulatoren oder Returns verwenden, um einen String auf diese Weise einzuschließen.

Schließlich erlaubt Ihnen MySQL auch noch, in String-Literale die in Tabelle 10 gezeigten Escape-Sequenzen einzuschließen.

Tabelle 10: MySQLs Escape-Sequenzen für String-Literale

Sequenz	Beschreibung
\0	NUL-Zeichen (ASCII-Null)
\'	Einfaches Anführungszeichen
\"	Doppeltes Anführungszeichen
\b	Rückschritt
\n	Zeilenvorschub
\r	Wagenrücklauf
\t	Tabulator
\z	ASCII 26 oder das Ctrl-Z-Zeichen
\\	Backslash

Tabelle 10: MySQLs Escape-Sequenzen für String-Literale (Fortsetzung)

Sequenz	Beschreibung
\%	Prozentzeichen
_	Unterstrich

Numerische Literale

Numerische Literale folgen den üblichen Konventionen für das
Schreiben von Zahlen:

```
123    123.45    +123    -123.45
```

Zahlen, die ohne ein Dezimaltrennzeichen geschrieben werden,
werden im Allgemeinen als Integer behandelt. Oracle erlaubt ein
angehängtes F oder D als Indikator für FLOAT bzw. DOUBLE:

```
123D    123.45F    +123d    -123.45f
```

Sie können auch die wissenschaftliche Notation nutzen, um Fließ-
komma-Konstanten zu schreiben:

```
123.45E+23    123.45e-23
```

Diese Literale werden als 123.45×10^{23} bzw. 123.45×10^{-23} (i.e.
$123.45 \div 10^{23}$) interpretiert.

Datums-/Zeit-Literale

ANSI SQL definiert die folgenden Formate für Datums-, Zeit- und
Timestamp-Literale. Stunden folgen dabei einer 24-Stunden-Uhr:

```
DATE 'yyyy-mm-dd'
TIME 'hh:mi:ss [{+|-}hh:mi]'
TIMESTAMP 'yyyy-mm-dd hh:mi:ss [{+|-}hh:mi]'
```

Die folgenden Beispiele verweisen z.B. auf den 19. Dezember 2003,
20:00 und 20:00 U.S. Eastern Standard-Zeit am 19. Dezember
2003:

```
DATE '2003-12-19'
TIME '20:00:00'
TIMESTAMP '2003-12-19 20:00:00 -5:00'
```

Diese Literal-Formate werden ab Oracle9i und in MySQL unterstützt, aber nicht in SQL Server und DB2.

Datums-/Zeit-Intervall-Literale

ANSI SQL definiert die folgenden Formate für INTERVAL YEAR TO MONTH-Literale:

```
INTERVAL 'Jahr-Monat' YEAR TO MONTH
INTERVAL 'Jahr' YEAR
INTERVAL 'Monat' MONTH
```

Diese Formate werden ab Oracle9i unterstützt. Sie dürfen außerdem eine Genauigkeit für das Jahr angeben, das andernfalls standardmäßig zwei Stellen hat:

```
INTERVAL '42-1' YEAR TO MONTH
INTERVAL '1042' YEAR(4)
```

ANSI SQL definiert gleichermaßen die folgenden Formate für INTERVAL DAY TO SECOND-Literale:

```
INTERVAL 'dd hh:mi:ss.ff' DAY TO SECOND
INTERVAL 'hh:mi' HOUR TO MINUTE
INTERVAL 'mi' MINUTE
...
```

Für ein INTERVAL DAY TO SECOND-Literal können Sie jeden beliebigen zusammenhängenden Bereich von Zeitelementen von Tagen zu Sekunden angeben. In Oracle9i und höher haben Tage (*dd*) und Sekundenbruchteile (*ff*) standardmäßig eine Genauigkeit von zwei Stellen.

Weder SQL Server noch MySQL unterstützen die ANSI/ISO-Syntax für Intervall-Literale.

MERGE: Daten zusammenführen

Seit Oracle8i unterstützt Oracle die MERGE-Anweisung, die ein Teil des SQL 2003-Standards ist. Entweder aktualisiert MERGE Zeilen oder fügt welche ein. Das ist davon abhängig, ob sie bereits existieren oder nicht. Die Grundsyntax ist:

```
MERGE INTO Tabelle Alias
USING Datenquelle ON (Existenzprüfung)
WHEN MATCHED THEN UPDATE
   SET Spalte = Wert, Spalte = Wert ...
WHEN NOT MATCHED THEN INSERT
   (Spalte, Spalte, ...)
   VALUES (Wert, Wert, ...)

Datenquelle ::= {Tabelle|View|(Unterabfrage)}
```

Geben Sie z.B. Folgendes an, um mögliche neue Bezirkszeilen in die Tabelle county einzufügen:

```
MERGE INTO county c
USING (SELECT * FROM new_counties) nc
   ON (c.county_id = nc.county_id)
WHEN MATCHED THEN UPDATE
   SET c.county_name = nc.county_name,
       c.state = nc.state
WHEN NOT MATCHED THEN INSERT
   (county_id, county_name, state)
   VALUES (nc.county_id, nc.county_name, nc.state);
```

Sie können eine WHERE-Bedingung sowohl für die UPDATE- als auch für die INSERT-Operationen aufstellen. Sie können mit DELETE auch Zeilen angeben, die nach einer UPDATE-Operation gelöscht werden sollen:

```
MERGE INTO county c
USING (SELECT * FROM new_counties) nc
   ON (c.county_id = nc.county_id)
WHEN MATCHED THEN UPDATE
   SET c.county_name = nc.county_name,
       c.state = nc.state
   WHERE c.county_name <> nc.county_name
   DELETE WHERE c.county_id = 18
WHEN NOT MATCHED THEN INSERT
   (county_id, county_name, state)
   VALUES (nc.county_id, nc.county_name, nc.state)
   WHERE nc.county_name IS NOT NULL;
```

Diese Anweisung schränkt Updates auf Namensänderungen ein, löscht willkürlich jeden *aktualisierten* Datensatz, der nach dem Update eine ID von 18 hat, und fügt nur Datensätze mit Nicht-NULL-Namen ein.

DELETE WHERE ist ein Löschen nach der Aktualisierung. Zeilen, die durch die MERGE-Anweisung nicht aktualisiert wurden, stehen für das Löschen nicht zur Verfügung.

NULL-Werte

Beim Schreiben von SQL ist es von entscheidender Bedeutung, dass man NULL-Werte und die dreiwertige Logik versteht. Abgesehen von wenigen Ausnahmen sind die Ergebnisse von allen Ausdrücken, die NULL-Werte einschließen, selbst ebenfalls NULL, und das hat Auswirkungen auf alle Ausdrücke (Vergleichsausdrücke oder andere), die Sie schreiben.

Prädikate für NULL-Werte

Es ist nicht möglich, NULL-Werte mit Hilfe der gewöhnlichen Vergleichsoperatoren mit anderen Werten zu vergleichen. Die folgende Abfrage liefert z.B. *nicht* alle Zeilen aus der Stadttabelle zurück:

```
SELECT * FROM city
WHERE city_name = 'Munising'
  OR city_name <> 'Munising';
```

Man könnte erwarten, dass jeder Stadtname entweder Munising ist oder nicht, aber das ist nicht der Fall. Ein NULL an Stelle eines Stadtnamens ist nicht Munising, aber es ist ebenso wenig *nicht* nicht Munising.

ANSI/ISO SQL bietet die Prädikate IS NULL und IS NOT NULL zur Feststellung des Vorhandenseins oder der Abwesenheit von NULL-Werten. Um alle Städte zu finden, die nicht Munising heißen, auch die, deren Name NULL ist, müssen Sie Folgendes angeben:

```
SELECT * FROM city
WHERE city_name <> 'Munising'
  OR city_name IS NULL;
```

Das folgende, komplexere Beispiel ist eine NULL-sichere Version der Abfrage, die weiter oben unter »Nicht-Equi-Joins« vorgestellt wurde. Bei dieser Version ist es möglich, dass die Datumswerte für das Ende NULL sind. Dabei interpretiert sie ein Enddatum von NULL als Hinweis darauf, dass die Kontaktbedingung weiterhin besteht:

```
SELECT *
FROM worker_location w
    INNER JOIN building_exposure be
    ON w.building_number = be.building_number
    AND (w.begin_date <= be.end_date
        OR be.end_date IS NULL)
    AND (w.end_date >= be.begin_date
        OR w.end_date IS NULL);
```

Auf gleiche Weise können Sie IS NOT NULL einsetzen, um explizit auf Nicht-NULL-Werte zu prüfen.

HINWEIS

In Oracle kann eine LOB-Spalte (Large Object-Spalte) entweder NULL oder leer sein. Eine NULL-LOB-Spalte besitzt keinen Zeiger. Ein leerer LOB hat einen Zeiger, enthält aber noch keine Daten.

CASE und NULL-Werte

Manchmal können CASE-Ausdrücke hilfreich sein, wenn Sie mit Daten arbeiten, die NULL sein können. Sie könnten beispielsweise Folgendes angeben, um sicherzustellen, dass Sie immer einen Nicht-NULL-Stadtnamen erhalten:

```
SELECT city_id,
    CASE WHEN city_name IS NOT NULL THEN city_name
    ELSE '***No Name***' END
FROM city;
```

Die meisten Datenbanken bieten außerdem Funktionen, mit denen man so etwas stimmiger durchführen kann.

Funktionen für NULL-Werte (Oracle)

Oracles DECODE-, COALESCE-, NVL- und NVL2-Funktionen sind alle nützlich, wenn Sie mit Daten zu tun haben, die NULL sein können.

COALESCE wurde in Oracle9*i* eingeführt und ist ein Bestandteil von SQL 1999. Es erwartet eine beliebige Liste von Argumenten und liefert den ersten Nicht-NULL-Wert, auf den es stößt:

```
SELECT city_id, COALESCE(city_name, '***No Name***')
FROM city;
```

Sie können eine beliebige Anzahl von Argumenten angeben und sollten sicherstellen, dass zumindest ein Wert nicht NULL ist. Sind alle Argumente NULL, liefert COALESCE NULL zurück.

NVL ähnelt einem COALESCE mit nur zwei Argumenten:

```
SELECT city_id, NVL(city_name, '***No Name***')
FROM city;
```

NVL2 erwartet drei Argumente und liefert in Abhängigkeit davon, ob das erste NULL ist oder nicht, den Wert des zweiten bzw. dritten Arguments zurück.

```
SELECT city_id,
       NVL2(city_name, city_name, '***No Name***')
FROM city;
```

DECODE ist dasselbe wie eine Inline-IF-Anweisung und bietet noch eine weitere Möglichkeit, mit NULL-Werten umzugehen:

```
SELECT city_id,
       DECODE(city_name,
              NULL, '***No Name***',
              'Munising','Jonathan''s Home',
              city_name)
FROM city;
```

In diesem Beispiel ist city_name der Eingabewert. Wenn der Eingabewert NULL (das zweite Argument) ist, wird das dritte Argument zurückgeliefert. Ist der Eingabewert 'Munising' (das vierte Argument), wird das fünfte Argument zurückgeliefert. DECODE unterstützt eine beliebige Anzahl von Eingabe/Ergebnis-Paaren.

Funktionen für NULL-Werte (DB2)

DB2 unterstützt die ANSI/ISO COALESCE-Funktion, die oben für Oracle beschrieben wurde.

DB2 unterstützt außerdem die NULLIF-Funktion, die NULL zurückliefert, wenn die beiden Eingabewerte gleich sind:

```
SELECT NULLIF(city_name,'Munising')...
```

Wenn city_name = 'Munising' ist, liefert dieser NULLIF-Aufruf NULL zurück, andernfalls den Wert von city_name.

Funktionen für NULL-Werte (SQL Server)

SQL Server unterstützt die ANSI/ISO COALESCE-Funktion, die oben für Oracle beschrieben wurde.

SQL Server unterstützt außerdem eine Einstellung, die als ANSI_NULLS bekannt ist, die das Verhalten der Prädikate = und <> bei Vergleichen mit NULL-Werten steuert:

```
...WHERE city_name = NULL
...WHERE city_name <> NULL
```

Standardmäßig würde keines dieser Prädikate jemals eine Zeile finden. Wenn Sie jedoch den Befehl SET ANSI_NULLS OFF ausführen, können Sie = NULL und <> NULL verwenden, um nach NULL- bzw. NOT NULL-Werten zu suchen.

Funktionen für NULL-Werte (MySQL)

Bei MySQL können Sie IFNULL verwenden, um einen alternativen Wert für einen Eingabewert zurückzuliefern, der NULL sein kann. Zum Beispiel:

```
SELECT city_id,
       IFNULL(city_name, '***No Name***')
FROM city;
```

Wie DB2 unterstützt MySQL NULLIF, um dann NULL zurückzuliefern, wenn zwei Eingabewerte gleich sind:

```
SELECT NULLIF(city_name,'Munising')...
```

Sie können die IF-Funktion auch verwenden, um, abhängig davon, ob ein Ausdruck TRUE ist, einen von zwei Werten zurückzuliefern:

```
SELECT city_id,
       IF(city_name IS NULL,
          '***No Name***', city_name)
FROM city;
```

Normalerweise benutzen Sie einen Vergleichausdruck, um den Booleschen TRUE/FALSE-Wert für das erste Argument zu erzeugen. Wird der Ausdruck mit TRUE ausgewertet, wird der Wert des zweiten Arguments zurückgeliefert. Andernfalls, wird also der Ausdruck mit FALSE oder NULL ausgewertet, wird der Wert des dritten Arguments zurückgeliefert.

Prädikate

Prädikate sind Bedingungen, die Sie in der WHERE-Klausel (und der HAVING-Klausel) einer SQL-Anweisung angeben, die festlegen, welche Zeilen von dieser Anweisung berührt oder zurückgeliefert werden. Zum Beispiel:

```
SELECT title
FROM song
WHERE artist = 'Carl Behrend';
```

Das Prädikat in diesem Beispiel ist artist = 'Carl Behrend'. Es gibt an, dass die Abfrage nur diejenigen Songs liefern soll, die von Carl eingespielt wurden. Tabelle 11 zeigt die verfügbaren Vergleichsoperatoren. Einige Operatoren wie IN und EXISTS werden in den kommenden Unterabschnitten ausführlicher beschrieben. Operatoren für reguläre Ausdrücke werden weiter unten im Abschnitt »Reguläre Ausdrücke« beschrieben.

Tabelle 11: Vergleichsoperatoren

Operator	Beschreibung
!=, <>, ^=	Prüft auf Ungleichheit. Nur Oracle unterstützt ^=. DB2 unterstützt nur <>.
<	Prüft auf kleiner als.

Tabelle 11: Vergleichsoperatoren (Fortsetzung)

Operator	Beschreibung
<=	Prüft auf kleiner gleich.
<=>	NULL-sicherer Test auf Gleichheit. Wird nur von MySQL unterstützt.
=	Prüft auf Gleichheit.
>	Prüft auf größer als.
>=	Prüft auf größer gleich.
BETWEEN	Prüft, ob ein Wert im angegebenen Bereich liegt.
EXISTS	Prüft, ob eine Zeile vorhanden ist, die den Bedingungen genügt, die Sie angeben.
IN	Prüft, ob ein Wert in einer Wertmenge vorhanden ist, die Sie angeben oder die von einer Unterabfrage zurückgeliefert wird.
IS [NOT] NULL	Prüft auf NULL.
LIKE	Prüft, ob ein Wert einem Muster entspricht.
REGEXP, RLIKE	Vergleichoperator für reguläre Ausdrücke. Wird nur von MySQL unterstützt.
REGEXP_LIKE	Prüft, ob ein Wert einem Muster entspricht, das durch einen regulären Ausdruck beschrieben wird. Wird nur von Oracle unterstützt.

Sie sollten auf alle Fälle den Abschnitt zu »NULL-Werte« weiter oben lesen, in dem die Operatoren beschrieben werden, die Sie einsetzen können, um in WHERE- oder HAVING-Klauseln auf NULL-Werte zu prüfen.

Vergleichsprädikate für Gruppen

Sie können die Schlüsselwörter ANY, SOME oder ALL mit den gewöhnlichen Vergleichsoperatoren aus Tabelle 11 verwenden. (Die gewöhnlichen Vergleichsoperatoren sind die, die vor BETWEEN aufgeführt werden.) Mit ihnen können Sie einen einzelnen Wert mit einer Wertmenge vergleichen:

```
SELECT title
FROM song
WHERE cd_id = ANY (2, 5);
```

oder:

```
SELECT title
FROM song
WHERE cd_id = ANY
   (SELECT cd_id
    FROM cd
    WHERE price <= 10);
```

MySQL bietet keine Unterstützung für die erste Form, in der ANY verwendet wird, um einen Wert mit einer expliziten Werteliste zu vergleichen.

ANY gibt an, dass die Bedingung für mindestens einen der Werte aus der Menge erfüllt sein muss. SOME ist ein Synonym für ANY. Verwenden Sie ALL, wenn Sie möchten, dass die Bedingung für *alle* Werte in der Menge wahr ist.

Mehrere Werte auf der linken Seite (Oracle)

Oracle ermöglicht es Ihnen, mehrere Werte auf der linken Seite eines Vergleichs anzugeben. Um z.B. alle Songs zu finden, deren Länge der Länge des längsten Songs auf ihren jeweiligen CDs entspricht, geben Sie Folgendes an:

```
SELECT cd_id, playing_time, title
FROM song s1
WHERE (cd_id, playing_time)
   = (SELECT cd_id, MAX(playing_time)
      FROM song s2
      WHERE s1.cd_id = s2.cd_id);
```

Verwenden Sie, wie in diesem Beispiel, einen einfachen Vergleichsoperator, muss die Unterabfrage eine Zeile zurückliefern.

Mit den Schlüsselwörtern ANY, SOME oder ALL können Sie mehrere Wertemengen angeben:

```
SELECT cd_id, playing_time, title
FROM song
WHERE (cd_id, playing_time) = ANY ((3,285), (3,313));
```

Sie können ebenfalls eine Unterabfrage verwenden, die eine oder mehrere Wertemengen zurückliefert:

```
SELECT cd_id, playing_time, title
FROM song
WHERE (cd_id, playing_time)
```

```
        = ANY(SELECT cd_id, MAX(playing_time)
              FROM song
              GROUP BY cd_id);
```

Auch diese Abfrage liefert alle Songs zurück, deren Länge der Länge des längsten Songs auf ihren jeweiligen CDs entspricht. Dieses Mal ist die Unterabfrage nicht-korreliert und liefert eine Liste aller in Frage kommenden Laufzeiten auf einmal.

EXISTS-Prädikate

Verwenden Sie EXISTS und NOT EXISTS, um zu prüfen, ob Zeilen vorhanden sind, die einer Anzahl von Bedingungen entsprechen, die Sie angeben. Geben Sie beispielsweise Folgendes an, um alle CDs zu finden, die mindestens einen Song enthalten, der von Rondi Olson eingespielt wurde:

```
SELECT cd_id, title
FROM cd
WHERE EXISTS (SELECT * FROM song
              WHERE cd.cd_id = song.cd_id
                AND song.artist = 'Rondi Olson');
```

Setzen Sie in derselben Abfrage NOT EXISTS ein, um alle CDs zu finden, die keine Songs enthalten, die von Rondi eingespielt wurden.

Die in EXISTS-Prädikaten verwendeten Unterabfragen sollten in der Regel korreliert sein. In diesem Fall untersucht die Unterabfrage alle Songs auf der aktuellen CD aus der Tabelle cd.

IN-Prädikate

Verwenden Sie IN, um zu prüfen, ob ein Wert in einer Wertemenge enthalten ist. Sie können diese Menge in einer Liste literaler Werte aufzählen, oder Sie können diese Menge aus einer Unterabfrage zurückliefern. Im folgenden Beispiel wird eine Menge literaler Werte angegeben:

```
SELECT cd_id, track, title
FROM song
WHERE cd_id IN (1,3)
ORDER BY cd_id, track;
```

Das jetzt folgende Beispiel nutzt eine Unterabfrage und ist eine Neuformulierung der EXISTS-Abfrage aus dem vorangegangenen Abschnitt, die eine Liste der CDs zurückliefert, die Songs mit Einspielungen von Rondi Olson enthalten:

```
SELECT cd_id, title
FROM cd
WHERE cd_id IN (SELECT cd_id FROM song
                WHERE artist ='Rondi Olson');
```

Achten Sie auf NULL-Werte! Wenn die Unterabfrage, die Sie in einem IN-Prädikat verwenden, auch nur für eine einzige Zeile in der Menge NULL zurückliefert, wird das Ergebnis einer IN-Operation (oder einer NOT IN-Operation) niemals wahr sein können. Es wird vielmehr immer NULL sein, und Ihre Abfrage wird nicht so funktionieren, wie Sie das erwarten.

BETWEEN-Prädikate

Verwenden Sie BETWEEN, um zu prüfen, ob ein Wert in einen bestimmten Bereich fällt, zum Beispiel:

```
SELECT title
FROM song
WHERE playing_time BETWEEN 280 AND 300;
```

Alle BETWEEN-Prädikate könnten problemlos mit den <=- und >=-Operatoren formuliert werden:

```
SELECT title
FROM song
WHERE playing_time >= 280
  AND playing_time <= 300;
```

Wenn Sie BETWEEN-Prädikate schreiben, führen Sie den kleineren Wert immer zuerst auf.

LIKE-Prädikate

Die ANSI/ISO-Prädikate LIKE und NOT LIKE bieten Ihnen rudimentäre Mustervergleichsmittel. Sie können das Prozentzeichen (%) und den Unterstrich (_) verwenden, um auf eine beliebige Anzahl von Zeichen oder ein beliebiges Zeichen zu prüfen. Geben Sie z.B.

Folgendes an, um alle Songs zu finden, deren Titel das Wort »Ship«
enthält:

```
SELECT title
FROM song
WHERE title LIKE '%Ship%';
```

Verwenden Sie NOT LIKE, um alle Songs zu finden, die das Wort
»Ship« nicht im Titel tragen.

In SQL Server müssen Sie statt des Punkts einen Unterstrich (_)
verwenden, wenn Sie nach einem beliebigen einzelnen Zeichen
suchen wollen.

Oracle und DB2 unterstützen Syntaxformen, über die Sie ein
Escape-Zeichen festlegen können, wenn Sie die Mustervergleichs-
zeichen literal verwenden wollen. Geben Sie z.B. Folgendes an, um
alle Songs zu finden, in deren Titel kein Prozentzeichen vorkommt:

```
SELECT title
FROM song
WHERE title NOT LIKE '%\%%' ESCAPE '\';
```

Anders als Oracle und DB2 versteht MySQL den Backslash (\)
standardmäßig als ein Escape-Zeichen:

```
SELECT title
FROM song
WHERE title NOT LIKE '%\%%';
```

Wenn Sie in MySQL ein Escape-Zeichen angeben, müssen Sie im
Auge behalten, dass der Backslash das Escape-Zeichen für String-
Literale ist. Wenn Sie explizit den Backslash als das Escape-Zeichen für LIKE festlegen wollen, müssen Sie also diesen Backslash
in der ESCAPE-Klausel schützen:

```
SELECT title
FROM song
WHERE title NOT LIKE '%\%%' ESCAPE '\\';
```

Oracle implementiert außerdem LIKEC, LIKE2 und LIKE4, die mit
Unicode-Zeichen, -Code-Einheiten bzw. -Code-Punkten arbeiten.

Reguläre Ausdrücke

Oracle, SQL Server und MySQL unterstützen *reguläre Ausdrücke* (Regexes). SQL Server und MySQL unterstützen sie für String-Vergleiche und Oracle für einiges mehr. DB2 Version 8.1 bietet überhaupt keine Unterstützung für reguläre Ausdrücke.

Reguläre Ausdrücke (Oracle)

Oracle10g implementiert die folgenden Funktionen für reguläre Ausdrücke:

```
REGEXP_INSTR(Quellstring, Muster
            [, Position [, Vorkommen
            [, Rückgabe-Option
            [, Vergleichsparameter]]]])

REGEXP_LIKE (Quellstring, Muster
            [, Vergleichsparameter])

REGEXP_REPLACE(Quellstring, Muster
            [, Ersetzungsstring
            [, Position [, Vorkommen
            [, Vergleichsparameter]]]])

REGEXP_SUBSTR(Quellstring, Muster
            [, Position [, Vorkommen
            [, Vergleichsparameter]]]])
```

Die Parameter haben die folgende Bedeutung:

Quellstring
Der String, den Sie durchsuchen möchten.

Muster
Ein regulärer Ausdruck, der das Textmuster beschreibt, nach dem Sie suchen. Dieser Ausdruck darf nicht länger als 512 Bytes sein.

Ersetzungsstring
Der Ersetzungstext. Jedes Vorkommen von *Muster* in *Quellstring* wird durch *Ersetzungsstring* ersetzt. Darin können

Rückwärtsreferenzen auf Werte, die Unterausdrücken des Musters entsprechen, eingesetzt werden.

Position
Die Zeichenposition, an der die Suche begonnen werden soll. Das ist standardmäßig 1. Der Wert muss positiv sein.

Vorkommen
Das Vorkommen von *Muster*, das Sie finden möchten. Das ist standardmäßig 1. Geben Sie 2 an, wenn Sie das zweite Vorkommen des Musters finden wollen, 3 für das dritte Vorkommen und so weiter.

Rückgabe-Option
Geben Sie 0 (Standard) an, um die erste Zeichenposition des Musters zurückzuliefern. Geben Sie 1 an, um die letzte Zeichenposition des Musters zurückzuliefern.

Vergleichsparameter
Eine Menge von Optionen in Form eines Zeichen-Strings, die das Standardverhalten bei Mustervergleichen mit regulären Ausdrücken steuert. Sie können eine beliebige, alle oder keine der folgenden Optionen in beliebiger Reihenfolge angeben:

'i' Gibt einen Mustervergleich ohne Berücksichtigung von Groß-/Kleinschreibung an.

'c' Gibt einen Mustervergleich mit Berücksichtigung von Groß-/Kleinschreibung an.

'n' Legt fest, dass der Punkt (.) auch das Newline-Zeichen findet. (Normalerweise ist das nicht der Fall.)

'm' Bewirkt, dass das Caret-Zeichen (^) und das Dollar-Zeichen ($) den Anfang bzw. das Ende von Zeilen innerhalb des Quell-Strings finden. Normalerweise finden Caret- und Dollar-Zeichen nur Anfang und Ende des Strings selbst und kümmern sich nicht um mögliche Newline-Zeichen innerhalb des Strings.

Die Einstellung des NLS_SORT-Parameters bestimmt, ob Muster-vergleiche standardmäßig mit oder ohne Berücksichtigung von Groß-/Kleinschreibung durchgeführt werden.

Tabelle 12 führt die Metazeichen für reguläre Ausdrücke auf, die von diesen Funktionen unterstützt werden.

Tabelle 12: Oracles Metazeichen für reguläre Ausdrücke

Operator	Beschreibung
\	Maskiert ein Metazeichen.
\1 … \9	Rückwärtsreferenz auf einen früheren Unterausdruck. Der `Ersetzungsstring`-Parameter unterstützt `\1` bis `\500`.
.	Findet ein beliebiges Zeichen.
^	Findet einen Zeilenanfang.
$	Findet ein Zeilenende.
[...]	Findet ein beliebiges Zeichen aus einer Zeichenmenge.
[^...]	Findet ein beliebiges Zeichen, dass *nicht* in einer Zeichenmenge vorhanden ist.
[.xx.]	Schließt ein vereinigtes Element ein.
[:Klasse:]	Gibt in einem Ausdruck in eckigen Klammern eine Zeichenklasse wie [:digit:], [:alpha:], [:upper:] usw. an.
[=Zeichen=]	Gibt eine Äquivalenzklasse an.
*	Findet null oder mehr Vorkommen des vorangegangenen Ausdrucks.
+	Findet ein oder mehr Vorkommen des vorangegangenen Ausdrucks.
?	Findet null oder ein Vorkommen des vorangegangenen Ausdrucks.
{x}, {x,y}, {x,}	Findet x, zwischen x und y oder mindestens x Vorkommen des vorangegangenen Ausdrucks.
|	Grenzt Alternativen ab.
(...)	Definiert einen Unterausdruck.

Reguläre Ausdrücke (SQL Server)

SQL Server unterstützt bei seiner Version des LIKE-Prädikats eine sehr eingeschränkte Syntax für reguläre Ausdrücke. Geben Sie z.B.

Folgendes an, um den Alger-Bezirk auch dann zu finden, wenn er fälschlich »Aljer« geschrieben wurde:

```
SELECT *
FROM county
WHERE county_name LIKE 'Al[gj]er';
```

SQL Server unterstützt keine Quantifizierer, Alternierungen, Unterausdrücke und Rückwärtsreferenzen. Tabelle 13 führt die wenigen Metazeichen auf, die SQL Server unterstützt.

Tabelle 13: SQL Servers Metazeichen für reguläre Ausdrücke

Operator	Beschreibung
%	Findet eine beliebige Anzahl von Zeichen.
_	Findet ein beliebiges Zeichen einschließlich des Newline-Zeichens.
[...]	Findet ein beliebiges Zeichen aus einer Zeichenmenge.
[^...]	Findet ein beliebiges Zeichen, dass *nicht* in einer Menge ist.

Reguläre Ausdrücke (MySQL)

In MySQL können Sie über das REGEXP-Prädikat auf ähnliche Weise wie mit LIKE Mustervergleiche mit regulären Ausdrücken durchführen:

```
String REGEXP Muster
```

Geben Sie z.B. Folgendes an, um nach dem Muster »SHIP« am Ende eines Strings zu suchen:

```
SELECT title
FROM song
WHERE title REGEXP 'SHIP$';
```

Bei nicht-binären Strings beachten MySQLs Mustervergleiche mit regulären Ausdrücken Groß-/Kleinschreibung nicht. Weil MySQL den Backslash (\) als Escape-Zeichen versteht, müssen Sie einen doppelten Backslash (\\) eingeben, wenn Sie in einem Muster einen literalen einfachen Backslash verwenden wollen.

Tabelle 14 führt die Metazeichen für reguläre Ausdrücke auf, die MySQL kennt.

Tabelle 14: MySQLs Metazeichen für reguläre Ausdrücke

Operator	Beschreibung
.	Findet ein beliebiges Zeichen einschließlich des Newline-Zeichens.
^	Findet einen String-Anfang.
$	Findet ein String-Ende.
[...]	Findet ein beliebiges Zeichen aus einer Zeichenmenge.
[^...]	Findet ein beliebiges Zeichen, dass *nicht* in einer Zeichenmenge ist.
[[.xx.]]	Findet ein vereinigtes Element.
[:class:]	Gibt innerhalb eines Ausdrucks in eckigen Klammern eine Zeichenklasse wie [:digit:], [:alpha:], [:upper:] usw. an.
[=chars=]	Gibt eine Äquivalenzklasse an.
*	Findet null oder mehr Vorkommen des vorangegangenen Ausdrucks.
+	Findet ein oder mehr Vorkommen des vorangegangenen Ausdrucks.
?	Findet null oder ein Vorkommen des vorangegangenen Ausdrucks.
{x}, {x,y}, {x,}	Findet x, zwischen x und y oder mindestens x Vorkommen des vorangegangenen Ausdrucks.
|	Grenzt Alternativen ab.
(...)	Definiert einen Unterausdruck.
[[:<:]]	Findet den Anfang eines Worts.
[[:>:]]	Findet das Ende eines Worts.

Rekursive Abfragen

Siehe »Hierarchische Abfragen«.

SELECT: Daten auswählen

Verwenden Sie eine SELECT-Anweisung oder -*Abfrage*, um Daten aus einer Datenbank abzurufen. Die Datenquelle für eine SELECT-Abfrage ist üblicherweise eine Tabelle, ein View oder eine Kombination von Tabellen und Views:

```
SELECT Ausdrucksliste
FROM Datenquelle
```

```
WHERE Prädikate
GROUP BY Ausdrucksliste
HAVING Prädikate
ORDER BY Ausdrucksliste
```

Eine SELECT-Anweisung liefert eine Menge aus Zeilen und Spalten, die man als *Ergebnismenge* bezeichnet.

DB2 und Oracle unterstützen die Auslagerung von Unterabfragen mit einer WITH-Klausel. Beispiele zu dieser Technik finden Sie in den Abschnitten »Hierarchische Abfragen« und »Unterabfragen«.

Die SELECT-Klausel

Jeder Ausdruck in der SELECT-Klausel wird zu einer Spalte in der Ergebnismenge, die von dieser Abfrage zurückgeliefert wird. Ausdrücke können einfache Spaltennamen sein, über einen Spaltenwert als Eingabe einen neuen Wert generieren, aber auch überhaupt nichts mit irgendwelchen Spalten zu tun haben.

Spaltennamen angeben

Die SELECT-Klausel gibt die einzelnen Datenelemente an, die Ihnen die Abfrage zurückliefern soll. Jedes Element in der Ausdrucksliste wird in eine Spalte der Ergebnismenge der Anweisung überführt. Der einfachste Fall ist, eine kommaseparierte Liste mit ein oder mehreren Spalten aus den in der FROM-Klausel aufgeführten Tabellen anzugeben:

```
SELECT title, price
FROM cd;
```

Die Ergebnismenge für diese Abfrage enthält die folgenden Spalten:

```
TITLE                        PRICE
---------------------------- -----
Legends of the Great Lakes   17.95
Nothing Less                    10
More Legends of the Great Lakes 17.95
The Ballad of Seul Choix     17.95
Seeing the Unseen               10
```

Jeder Spalte der Ergebnismenge wird ein Name zugewiesen. In dem einfachen Fall, der hier gezeigt wird, werden die Spaltennamen in der Datenbank als Spaltennamen in der Ergebnismenge verwendet.

Abkürzungen mit dem Sternchen

Um alle Spalten aus einer Tabelle zurückzuliefern, können Sie auch ein einzelnes Sternchen angeben, anstatt alle Spaltennamen auszuschreiben:

```
SELECT *
FROM cd;

CD_ID TITLE            PRICE ARTIST
------ --------------- ------ ------------
     1 Legends of the  17.95 Carl Behrend
       Great Lakes
     2 Nothing Less    10.00 Rondi Olson
...
```

Die Verwendung des Sternchens ist eine hilfreiche Abkürzung, wenn Sie Abfragen interaktiv ausführen, weil sie Ihnen eine ordentliche Menge an Schreibarbeit ersparen kann. Es ist jedoch riskant, das Sternchen in Programm-Code zu verwenden, weil sich die Spalten in einer Tabelle mit der Zeit ändern können. Das kann dazu führen, dass Ihre Programme scheitern, wenn mehr oder weniger Zeilen als erwartet zurückgeliefert werden.

Ein anderer Grund dafür, beim Schreiben von Programmen explizit zu sein, ist, dass das Sternchen alle Spalten an den Client sendet. Wenn das wie so oft über ein Netzwerk erfolgt, können Sie Bandbreite sparen, indem Sie nur die Spalten zurückliefern, die Sie benötigen.

Sie können ein Sternchen oder einen Spaltennamen mit einem Tabellennamen qualifizieren:

```
SELECT song.*, song.artist
FROM cd, song
WHERE cd.cd_id = song.cd_id;
```

Ist das Sternchen nicht das einzige Element in der SELECT-Liste, müssen Sie das Sternchen, wie in der vorangehenden Anweisung gezeigt, mit einem Tabellennamen qualifizieren. (In SQL Server ist das nicht möglich.)

Sie können Spalten mehrfach abrufen. Die folgende Abfrage liefert cd_id zweimal zurück: einmal, weil ich die Spalte explizit in der SELECT-Liste (der cd_id-Ausdruck) aufgeführt habe, und ein zweites Mal, weil ich cd.* verwendet habe, um alle Spalten aus der Tabelle cd zurückzuliefern:

```
SELECT cd_id, cd.*
FROM cd;
```

Auch wenn es seltsam scheinen mag, gelegentlich kommt es vor, dass ich das Schreiben solcher Abfragen als hilfreich empfinde.

Ausdrücke schreiben

Sie können in Ausdrücken Spaltennamen verwenden. Die folgende Abfrage reduziert den Preis um 10%:

```
SELECT title, price * .90
FROM cd;
```

Sie können nicht nur einfache mathematische Ausdrücke und andere Ausdrücke mit einfachen Operatoren verwenden, alle modernen Datenbanken bieten Ihnen noch eine Vielzahl von Funktionen. Das folgende SELECT nutzt die ROUND-Funktion, um den reduzierten Preis auf zwei Nachkommastellen zu runden:

```
SELECT title, ROUND(price * .90,2)
FROM cd;
```

Ein Ausdruck in einer SELECT-Liste muss nicht notwendigerweise auf irgendeine Spalte in der Tabelle oder dem View verweisen, aus der/dem Sie auswählen. In Oracle führt man sehr häufig Abfragen gegen eine Pseudo-Tabelle namens dual aus. So werden beispielsweise mit der folgenden Abfrage das aktuelle Datum und die aktuelle Uhrzeit abgefragt:

```
SELECT SYSDATE
FROM dual;
```

Ihre Datenbank wertet derartige Ausdrücke für jede Zeile aus, die von der Abfrage zurückgeliefert wird. Das Besondere an Oracles Tabelle dual ist, dass sie nur eine Zeile enthält. Also liefert die vorangehende Abfrage nur einen Wert zurück. Wenn Sie wollten, könnten Sie die Tabelle cd abfragen und das aktuelle Datum und die aktuelle Uhrzeit zusammen mit jeder Zeile der Ergebnismenge zurückliefern:

```
SELECT title,
       ROUND(price * .90,2) price,
       SYSDATE
FROM cd;
```

In SQL Server und MySQL können Sie die Ergebnisse eines Ausdrucks zurückliefern, ohne überhaupt aus irgendeiner Tabelle auszuwählen. Beispielsweise können Sie in SQL Server die folgende Abfrage verwenden, um die aktuelle Zeit zu erhalten:

```
SELECT getdate( );
```

Ein SELECT wie dieses, in dem keine Tabelle angegeben wird, ist das SQL Server-/MySQL-Äquivalent zu Oracles SELECT…FROM dual.

Die Spaltennamen in der Ergebnismenge steuern

Jeder Spalte in der Ergebnismenge einer SELECT-Anweisung wird ein Name verliehen (außer bei SQL Server, das dazu in der Lage zu sein scheint, unbenannte Spalten zurückzuliefern). Das folgende Oracle-Beispiel zeigt eine Abfrage und die daraus resultierende Ergebnismenge:

```
SELECT title, ROUND(price * .90,2)
FROM cd;

TITLE                        ROUND(PRICE*.90,2)
---------------------------  ------------------
Legends of the Great Lakes                16.16
Nothing Less                                  9
...
```

Die Spaltennamen in Ergebnismengen sind wichtig – nicht nur wie hier zum Zweck der Anzeige, sondern weil Sie diese Namen oft verwenden, um aus Ihren Programmen auf die Spaltenwerte zuzugreifen. In einem Java-JDBC-Programm könnten Sie den CD-Titel aus der aktuellen Zeile der Ergebnismenge folgendermaßen erhalten:

```
title = rslt.getString("TITLE");
```

Mit einem Spaltennamen wie TITLE klarzukommen ist kein sonderliches Problem, aber wer möchte schon Code wie diesen hier schreiben?

```
price = rslt.getString("ROUND(PRICE*.90,2)");
```

Nee! Das ist nicht nur schrecklich verwirrend, Ihr Code wird auch noch fehlschlagen, sobald Sie jemandem 20% Rabatt an Stelle der hier gezeigten 10% Rabatt geben.[2] Um gegen solche Probleme vorzugehen, ermöglicht Ihnen SQL, einen Namen oder *Alias* für jeden Ausdruck in Ihrer SELECT-Liste anzugeben. Um einen Spalten-Alias festzulegen, geben Sie einfach unmittelbar nach dem Ausdruck den Alias-Namen an und trennen dabei die beiden durch mindestens ein Leerzeichen. Die folgende Abfrage legt jeweils einen Alias für die Spalte und für den Ausdruck fest:

```
SELECT title cd_title,
       ROUND(price * .90,2) price
FROM cd;

CD_TITLE                     PRICE
------------------------     ----------
Legends of the Great Lakes   16.16
Nothing Less                  9
...
```

In bestimmten Situationen ist es vielleicht nicht wichtig, einen Alias-Namen für einen einfachen Spaltennamen wie TITLE zu vergeben. Es ist allerdings sehr wichtig, Aliase zu verwenden, wenn Sie mit Ausdrücken wie dem ROUND-Ausdruck arbeiten, der sich mit der price-Spalte befasst. Solche Aliase können Ihren Code gegen die unausbleiblichen Änderungen an den Ausdrücken immun machen. In diesem Beispiel können Sie beliebige Preisausdrü-

---

2 Vielleicht ist das der Grund dafür, dass DB2 Spaltennamen für Ausdrücke in der Form »1«, »2« usw. erzeugt, d.h. Ziffern verwendet, statt komplizierte Namen aus den Ausdrücken selbst aufzubauen.

cke verwenden und trotzdem bleibt der resultierende Spaltenname
immer PRICE.

TIPP

Sie müssen nicht für jeden Ausdruck einen Alias in einer
SELECT-Liste angeben. Sie können sich entschließen, Aliase für einige Ausdrücke oder Spaltennamen anzugeben und
für andere nicht.

Mit Groß-/Kleinschreibung von Namen und Interpunktionszeichen in Namen umgehen

SQL berücksichtigt standardmäßig keine Groß-/Kleinschreibung
und wandelt Schlüsselwörter und Identifier (wie Tabellen- und
Spaltennamen) in Großbuchstaben um. (Beachten Sie, dass My-
SQL eine Ausnahme macht und Groß-/Kleinschreibung bei Identi-
fiern wie Tabellen- und Spaltennamen berücksichtigt.) Außer in
MySQL könnten Sie Folgendes eintippen:

```
SELECT title CD_Title,
       round(price * .90,2) Price
from cd;
```

Aber Ihre Datenbank würde das wie folgt umwandeln:

```
SELECT TITLE CD_TITLE,
       ROUND(PRICE * .90,2) PRICE
FROM CD;
```

Wenn Sie einen Identifier auf eine die Groß-/Kleinschreibung
berücksichtigende Weise angeben wollen, können Sie ihn in doppelte Anführungszeichen einschließen. (MySQL unterstützt diese
Syntax nicht.) Das folgende Beispiel nutzt doppelte Anführungszeichen, um Spalten-Aliase mit gemischter Groß-/Kleinschreibung
zu erzeugen. Sie sehen, dass es mit doppelten Anführungszeichen
auch möglich ist, Leerzeichen zu Bestandteilen von Alias-Namen
zu machen:

```
SELECT title "CD Title",
       ROUND(price * .90,2) "Price"
FROM cd;
```

```
CD Title                        Price
------------------------        ----------
Legends of the Great Lakes       16.16
Nothing Less                         9
...
```

Diese Fähigkeit, Identifier in doppelte Anführungszeichen einzu-schließen, ermöglicht Ihnen auch, mit Spalten- und Tabellenna-men zu arbeiten, die gemischte Groß-/Kleinschreibung, Leer-zeichen und andere ungewöhnliche Zeichen enthalten. Derartige Namen finden Sie oft in Anwendungen, die mit Microsoft Access geschrieben wurden. Stellen Sie sich vor, Sie erzeugen eine Tabelle mit den Tabellen- und Spaltennamen, die in der folgenden CRE-ATE TABLE-Anweisung gezeigt werden:

```
CREATE TABLE "CD Table" (
    "CD ID" NUMBER,
    "CD Title" VARCHAR2(35),
    "Price" NUMBER(4,2),
    "artist" VARCHAR2(15),
    CONSTRAINT cd2_pk
        PRIMARY KEY ("CD ID"),
    CONSTRAINT cd2_unique
        UNIQUE ("CD Title"),
    CONSTRAINT cd2_artist
        FOREIGN KEY ("artist")
        REFERENCES artist);
```

Mich schüttelt es bei dem Gedanken, mit solchen Namen arbeiten zu müssen! Sie können diese Tabelle trotzdem problemlos abfra-gen, indem Sie die Identifier in doppelte Anführungszeichen set-zen:

```
SELECT "CD Title" title,
       ROUND("Price" * .90,2) PRICE
FROM "CD Table";
```

Wenn Sie Abfragen wie diese schreiben, ist es nicht schlecht, für einfache, nicht in Anführungszeichen stehende Aliase zu sorgen. Das hilft Ihnen, Ihren Verstand zu bewahren.

In einer SELECT-Liste Unterabfragen einsetzen

Neuere Datenbank-Versionen gestatten es Ihnen, in eine SELECT-Liste Unterabfragen einzubetten. Eine solche Unterabfrage muss genau eine Zeile und eine Spalte zurückliefern. Wenn Sie in einer SELECT-Liste eine Unterabfrage angeben, müssen Sie die Unterabfrage in Klammern einschließen. Außerdem sollten Sie auch einen Spalten-Alias angeben, damit die korrespondierende Spalte in der Ergebnismenge einen einfachen Namen hat, auf den Sie aus Ihrem Code leicht verweisen können. Die folgende Abfrage liefert beispielsweise die Anzahl von Songs auf jeder CD zurück:

```
SELECT title,
       ROUND(price * .90,2) price,
       (SELECT COUNT(*)
        FROM song
        WHERE song.cd_id=cd.cd_id) songs
FROM cd;
```

Unterabfragen können korreliert oder nicht-korreliert sein. Die Unterabfrage in diesem Beispiel ist zufälligerweise korreliert – d.h., sie verweist auf die sie einschließende Tabelle.

Spaltennamen qualifizieren

Sie können einen Spaltennamen über seinen Tabellennamen qualifizieren. Das ist besonders wichtig, wenn Sie Abfragen schreiben, die mehrere Tabellen mit einbeziehen (siehe den Abschnitt »Die FROM-Klausel« weiter unten), weil manchmal zwei Tabellen Spalten mit dem gleichen Namen haben. Verwenden Sie die Punktnotation, d.h. *Tabellenname.Spaltenname*, um einen Spaltennamen zu qualifizieren, zum Beispiel:

```
SELECT cd.title,
       ROUND(cd.price * .90,2) price
FROM cd;
```

Wenn Sie einen Spaltennamen qualifizieren, wird der Tabellenname normalerweise nicht zu einem Bestandteil des Spaltennamens. Die Titelspalte in diesem Beispiel heißt immer noch TITLE. Aber weil cd.price in einen Ausdruck eingebettet ist, wird das cd. in den Spaltennamen eingebettet, den die Datenbank erzeugt. Das ist ein weiterer Grund dafür, Spalten-Aliase anzugeben.

Wenn Sie in Oracle einen Spaltennamen über den jeweiligen Tabellennamen qualifizieren, können Sie auch diesen Tabellennamen über den entsprechenden Schema-Namen qualifizieren.

Ebenso können Sie bei MySQL Tabellennamen über den Datenbanknamen qualifizieren. Sie können also schreiben:

```
SELECT sqlpocket.cd.title
FROM sqlpocket.cd;
```

Diese Abfrage liefert die Titel aus der Tabelle cd im sqlpocket-Schema oder im Fall von MySQL aus der sqlpocket-Datenbank.

ALL und DISTINCT

Verwenden Sie die Schlüsselwörter ALL und DISTINCT, um anzugeben, dass die SELECT-Operation Zeilenduplikate aus der Ergebnismenge entfernen soll. (Oracle unterstützt UNIQUE als ein Synonym für DISTINCT.)

Alle Zeilen abrufen

Verwenden Sie das Schlüsselwort ALL, um das Standardverhalten für eine SELECT-Anweisung anzugeben. Das Standardverhalten ist, dass die Anweisung alle Zeilen liefert, die den Bedingungen genügen, die in den WHERE- und HAVING-Klauseln angegeben wurden. Die folgenden beiden Anweisungen sind z.B. äquivalent und liefern dieselben Daten zurück:

```
SELECT ALL price
FROM cd;

SELECT price
FROM cd;
```

Das ALL-Schlüsselwort muss unmittelbar nach dem SELECT-Schlüsselwort folgen.

Doppelte Ergebnismengenzeilen entfernen

Verwenden Sie das Schlüsselwort DISTINCT, um eine SELECT-Anweisung zu veranlassen, doppelte Zeilen aus der Ergebnismenge zu entfernen. Sie könnten z.B. eine Anweisung wie die folgende ausführen, um zu ermitteln, zu welchen Preisstufen Sie CDs verkaufen:

```
SELECT PRICE
FROM cd;
```

```
    PRICE
----------
    17.95
       10
    17.95
    17.95
       10
```

Allerdings führt diese Abfrage alle CD-Preise in der Tabelle auf. Sie sehen, dass 17.95 dreimal aufgeführt wird. Hätten Sie 10.000 CDs, die 17.95 kosten, hätten Sie sicher keine Freude daran, ihren Preis 10.000-mal zu sehen. Sie wollen eigentlich doch nur wissen, dass Sie eine oder mehrere CDs zu diesem Preis verkaufen. Sie wollen den Preis also nur einmal sehen. Verwenden Sie das Schlüsselwort DISTINCT, um das zu bewirken:

```
SELECT DISTINCT PRICE
FROM cd;
```

```
    PRICE
----------
       10
    17.95
```

Wenn Sie DISTINCT für mehrere Spalten angeben, muss die Kombination dieser Spalten eindeutig sein. Die folgende Abfrage liefert beispielsweise alle unterschiedlichen Kombinationen von title und price:

```
SELECT DISTINCT title, price
FROM cd;
```

Die Verwendung von DISTINCT hat Auswirkungen auf die Leistung. Die Datenbank-Software muss die Zeilenduplikate aus der Ergebnismenge entfernen, das aber schließt oft eine Sortierung der Daten ein. Das Entfernen der Duplikate kann erst erfolgen, wenn alle Zeilen abgerufen wurden, die über WHERE- und HAVING Klauseln angegeben worden sind. Deswegen kann die Anwendung die Zeilen nicht zurückgeben, sobald sie gefunden werden. Stattdessen muss die Datenbank die vollständige Ergebnismenge in einen temporären Speicher kopieren, sortieren und dann das sortierte Ergebnis auf Duplikate durchsuchen. Erst dann kann die

Datenbank damit beginnen, die Ergebnisse an die Anwendung zu liefern.

Die FROM-Klausel

Verwenden Sie die FROM-Klausel, um die Datenquelle anzugeben, aus der Sie Daten abrufen wollen. Der einfachste Fall ist, in der FROM-Klausel einer SELECT-Anweisung eine einzelne Tabelle oder einen einzelnen View anzugeben (denken Sie daran, dass MySQL keine Views unterstützt):

```
SELECT attraction_name
FROM attraction    /* a table */
WHERE city_id=8;

SELECT *
FROM city_attractions    /* a view */
WHERE city_name='Hancock';
```

In Oracle können Sie einen Tabellen- oder View-Namen mit der Punktnotation mit einem Schema-Namen qualifizieren, um die Auswahl aus einer Tabelle oder einem View zu erleichtern, die/der einem anderen Benutzer oder in ein anderes Schema gehört:

```
SELECT *
FROM gennick.city_attractions
WHERE city_name='Germfask';
```

Diese Abfrage wird explizit auf dem/der city_attractions-View oder -Tabelle ausgeführt, deren Besitzer der Benutzer gennick ist.

Tabellen-Aliase in der FROM-Klausel

Sie können für jeden Tabellenausdruck in einer FROM-Klausel einen Namen angeben, den man als *Tabellen-Alias* bezeichnet. An Stelle von

```
SELECT attraction.attraction_name,
       attraction.attraction_url
FROM attraction
WHERE attraction.city_id = 16;
```

können Sie Folgendes schreiben:

```
SELECT a.attraction_name, a.attraction_url
FROM attraction a
WHERE a.city_id = 16;
```

Aliase sind entscheidend für bestimmte Arten von Abfragen – beispielsweise wenn Sie infolge eines Joins oder durch die Verwendung einer Unterabfrage mehrdeutige Spaltennamen haben. Die folgende Abfrage liefert eine Liste der Attraktionen und zeigt zu jeder Attraktion die Anzahl anderer Attraktionen in derselben Stadt:

```
SELECT a1.attraction_name,
       (SELECT count(*)
         FROM attraction a2
         WHERE a2.city_id = a1.city_id) count
FROM attraction a1;
```

Ohne Aliase könnten Sie diese Abfrage nicht schreiben, weil die beiden Tabellennamen identisch sind. Nur über Aliase können Sie die beiden Referenzierungen der Tabelle attraction unterscheiden.

Unterabfragen in der FROM-Kausel

Manchmal können Unterabfragen in der FROM-Klausel vorteilhaft eingesetzt werden. Dann bezeichnet man diese auch als *Inline-Views*. (Beachten Sie, dass MySQL solche Unterabfragen nicht unterstützt.) Derartige Unterabfragen müssen *nicht-korreliert* sein, d.h., sie dürfen keine Spalten in der Hauptabfrage referenzieren. Beispielsweise führt die folgende Abfrage alle Attraktionen in Staatsbesitz auf und gibt außerdem jede Stadt mindestens einmal aus:

```
SELECT attraction_name, city_name
FROM city c
    LEFT OUTER JOIN
            (SELECT *
             FROM attraction
             WHERE government_owned = 'Y') a
    ON c.city_id = a.city_id;
```

Die Unterabfrage materialisiert eine temporäre Tabelle mit Attraktionen, die in Staatsbesitz sind. Diese temporäre Tabelle wird dann mit der Tabelle city verknüpft. Der Join ist ein Outer Join. Das Ergebnis ist, dass jede Stadt, die keine Attraktion besitzt, die sich in Staatsbesitz befindet, wenigstens einmal im Ergebnis aufgeführt wird.

Collections in der FROM-Klausel (Oracle)

Oracle8 und höher unterstützt geschachtelte Tabellenspalten und VARRAY-Spalten (Arrays variabler Größe). Sie können diese Collection-Typen abfragen, zum Beispiel:

```
SELECT cd.cd_id, s.track, s.title
FROM cd_song cd, TABLE(songs) s
WHERE cd.title='Legends of the Great Lakes';
```

```
    CD_ID     TRACK TITLE
---------- ---------- ----------------------------
         1         1 The Christmas Ship
         1         2 Lake Superior Song
         1         3 Captain Bundy's Gospel Ship
...
```

Die TABLE-Funktion in der FROM-Klausel dieser Abfrage behandelt die geschachtelte Tabellenspalte songs als eine separate Tabelle, die mit cd_song verknüpft wird. Die Join-Bedingungen sind implizit: Jede Zeile in cd_song wird mit allen Songs verknüpft, die in der songs-Spalte für diese Zeile aufgeführt werden.

Partitionen und Unterpartitionen in der FROM-Klausel (Oracle)

Oracle8 und höher unterstützt partitionierte Tabellen. Sie können wie folgt eine bestimmte Partition abfragen und damit nur Zeilen aus dieser Partition zurückliefern:

```
SELECT *
FROM county PARTITION (michigan);
```

Verwenden Sie das Schlüsselwort SUBPARTITION, um eine Unterpartition abzufragen:

```
SELECT *
FROM county SUBPARTITION (michigan01)
WHERE county_id = 1;
```

Flashback-Abfragen (Oracle)

In Oracle9*i* Release 2 wurde die Flashback-Klausel neu eingeführt, die es Ihnen ermöglicht, einen vergangenen Zustand der Datenbank abzufragen. Mehr zu diesem Thema finden Sie im Hauptabschnitt zu »Flashback-Abfragen (Oracle)« weiter oben.

Die WHERE-Klausel

Verwenden Sie die WHERE-Klausel, um die Ergebnisse einer Abfrage auf die Zeilen einzuschränken, die Sie interessieren. Die folgende Abfrage verschafft Ihnen z.B. eine vollständige Liste aller Touristenattraktionen:

```
SELECT attraction_name
FROM attraction;
```

Aber nur selten benötigen Sie alle Zeilen einer Tabellen. Häufiger benötigen Sie nur die Zeilen, die bestimmten Kriterien genügen. Das folgende Beispiel ruft nur die Attraktionen ab, die sich in Staatsbesitz befinden und in der Nähe von Munising liegen:

```
SELECT attraction_name
FROM attraction
WHERE government_owned='Y'
  AND city_id IN (
      SELECT city_id FROM city
      WHERE city_name='Munising');
```

Diese Abfrage nutzt ein Gleichheitsprädikat (=), um die Anlagen in Staatsbesitz zu ermitteln, und ein IN-Prädikat (IN), um die Anlagen in Munising zu ermitteln. Im Abschnitt »Prädikate« finden Sie eine Liste der Prädikate, die Sie in einer WHERE-Klausel einsetzen können.

Join-Bedingungen haben ebenfalls den Zweck, die Daten einzugrenzen, die von einer Abfrage zurückgeliefert werden. Mehr dazu finden Sie im Abschnitt »Joins: Tabellen verknüpfen«.

Die GROUP BY-Klausel

Siehe »Gruppieren und Zusammenfassen«.

Die HAVING-Klausel

Siehe »Gruppieren und Zusammenfassen«.

Die ORDER BY-Klausel

Verwenden Sie ORDER BY, um anzugeben, wie die Ergebnisse sortiert werden soll. Geben Sie beispielsweise Folgendes an, um eine nach Stadtnamen und in den Städten nach Attraktionsnamen sortierte Liste aller Attraktionen abzurufen:

```
SELECT c.city_name, a.attraction_name
FROM attraction a INNER JOIN city c
     ON a.city_id = c.city_id
ORDER BY c.city_name, a.attraction_name;
```

Standardmäßig wird aufsteigend sortiert. Sie können die Schlüsselwörter ASCENDING und DESCENDING einsetzen (die Sie in der Regel mit ASC bzw. DESC abkürzen können), um zu steuern, in welcher Folge jede einzelne Spalte sortiert werden soll. Das folgende Beispiel ähnelt dem vorangegangenen. Der Unterschied ist, dass innerhalb einer Stadt zuerst alle Anlagen aufgeführt werden, die in Staatsbesitz sind:

```
SELECT c.city_name, a.attraction_name
FROM attraction a INNER JOIN city c
     ON a.city_id = c.city_id
ORDER BY c.city_name,
         a.government_owned DESC,
         a.attraction_name ASC;
```

Dieses Beispiel zeigt auch, dass Sie ebenfalls über Spalten sortieren können (in diesem Fall government_owned), die nicht in Ihrer SELECT-Liste stehen.

Mit ORDER BY kann man sehr kreativ tätigwerden. Man könnte sogar nach den Ergebnisse einer Unterabfrage sortieren:

```
SELECT c.city_name, a.attraction_name
FROM attraction a INNER JOIN city c
     ON a.city_id = c.city_id
ORDER BY (SELECT COUNT(*)
          FROM attraction a2
          WHERE a2.city_id = a.city_id) DESC,
```

```
                c.city_name,
                a.government_owned DESC,
                a.attraction_name ASC;
```

Die ORDER BY-Klausel in dieser Abfrage nutzt eine absteigende Sortierung auf dem Ergebnis einer *korrelierten* Unterabfrage (d.h. einer Unterabfrage, die eine Spalte der Hauptabfrage referenziert), um zuerst jene Städte aufzuführen, die die größte Anzahl von Touristenattraktionen haben.

Transaktionsverwaltung

Eine *Transaktion* ist eine Sammlung von Operationen, die als eine Einheit betrachtet werden. Entweder sind alle Operationen in der Einheit abgeschlossen oder keine. Alle gebräuchlichen Datenbanken bieten Transaktionen (auch wenn MySQL bei der Transaktionsunterstützung spät auf den Zug aufgesprungen ist).

Wenn Sie in einer transaktionsfähigen Umgebung arbeiten, müssen Sie wissen, wie man Transaktionen einleitet und abschließt. Sie müssen auch wissen, wie Sie verschiedene Charakteristiken für eine Transaktion angeben – beispielsweise ob sie irgendwelche Daten aktualisiert.

Autocommit-Modus

SQL Server und MySQL arbeiten standardmäßig im Autocommit-Modus, in dem jede Anweisung, die Sie ausführen, als eine Transaktion behandelt wird.

In SQL Server können Sie Autocommit mit dem folgenden Befehl ausschalten:

```
SET IMPLICIT_TRANSACTIONS ON
```

Und so schalten Sie Autocommit wieder ein:

```
SET IMPLICIT_TRANSACTIONS OFF
```

Sie verlassen SQL Servers Autocommit-Modus, sobald Sie eine explizite BEGIN TRANSACTION-Anweisung ausführen. Details finden Sie weiter unten in »Eine Transaktion starten«.

In MySQL können Sie Autocommit folgendermaßen ausschalten:

```
SET AUTOCOMMIT=0
```

und so wieder einschalten:

```
SET AUTOCOMMIT=1
```

Sie verlassen den Autocommit-Modus automatisch, sobald Sie eine BEGIN- oder BEGIN WORK-Anweisung ausführen.

Eine Transaktion starten

Datenbanken unterscheiden sich in den Syntaxformen, die sie unterstützen, um eine Transaktion zu starten. Die folgenden Unterabschnitte zeigen Ihnen, wie Sie in Oracle, SQL Server und MySQL eine Transaktion starten. DB2 implementiert keine SQL-Anweisung, um explizit eine Transaktion zu starten.

Eine Transaktion starten (Oracle)

Bei Oracle befinden Sie sich im Grunde immer in einer Transaktion. Die erste SQL-Anweisung, die Sie ausführen, nachdem Sie sich verbunden haben, startet implizit eine Transaktion. Dasselbe macht die erste SQL-Anweisung, die Sie nach dem Ende einer Transaktion ausführen. Oracles standardmäßiger Transaktionstyp ist eine lesende und schreibende Transaktion mit Lesekonsistenz auf Anweisungsebene.

Mit SET TRANSACTION können Sie explizit eine Transaktion starten:

```
SET TRANSACTION Optionen [NAME 'Trans-Name']

Optionen ::=
   {READ {ONLY|WRITE}
   |ISOLATION LEVEL {SERIALIZABLE|READ COMMITTED}
   |USE ROLLBACK SEGMENT Segmentname
```

Die Optionen und Parameter haben folgende Bedeutungen:

NAME 'Trans-Name'
   Gibt einen Namen für die Transaktion an, der bis zu 255 Bytes lang sein kann. Bei COMMIT wird der Name als Transakti-

onskommentar gespeichert und überschreibt alle eventuellen COMMIT-Kommentare. Es ist besonders nützlich, umverteilte Transaktionen zu benennen.

READ ONLY
Gibt Ihnen eine nur-lesende (read-only) Transaktion, die keine Änderungen »sieht«, die nach Beginn der Transaktion erfolgt sind.

READ WRITE
Gibt Ihnen den standardmäßigen Transaktionstyp: eine lesende und schreibende (read-write) Transaktion mit Lesekonsistenz auf Anweisungsebene.

ISOLATION LEVEL SERIALIZABLE
Gibt Ihnen eine lesende und schreibende serialisierbare Transaktion, wie sie vom SQL 1992-Standard definiert wird.

ISOLATION LEVEL READ COMMITTED
Gibt Ihnen Oracles standardmäßiges Transaktionsverhalten, verwendet dabei aber die ANSI/ISO-SQL-Syntax.

USE ROLLBACK SEGMENT Segmentname
Veraltet. Erzeugt eine Default-Transaktion und weist sie dem angegebenen Rollback-Segment zu. Verwenden Sie stattdessen das automatische Undo-Management.

Hier sehen Sie einige Beispiel-SET TRANSACTION-Anweisungen:

```
SET TRANSACTION READ ONLY;

SET TRANSACTION ISOLATION LEVEL SERIALIZABLE;

SET TRANSACTION
   ISOLATION LEVEL READ COMMITTED;
   NAME 'Delete all attractions';
```

Wenn Sie einer verteilten Transaktion einen Namen geben und diese Transaktion scheitert, taucht der von Ihnen gewählte Name in der TRAN_COMMENT-Spalte der DBA_2PC_PENDING-Tabelle auf.

Eine Transaktion starten (SQL Server)

Verwenden Sie die folgende Anweisung, um explizit eine SQL Server-Transaktion zu starten:

```
BEGIN TRAN[SACTION]
    [[Transaktionsname]
    [WITH MARK ['Beschreibung']]]
```

Transaktionsnamen sind auf 32 Zeichen beschränkt. Sie können einen Namen über @Variable mit einer Variablen angeben.

Verwenden Sie die WITH MARK-Klausel, um zu bewirken, dass eine Transaktion optional mit der Beschreibung, die Sie angeben können, im Datenbank-Log vermerkt wird.

Verwenden Sie Folgendes, um eine verteilte Transaktion zu starten:

```
BEGIN DISTRIBUTED TRAN[SACTION]
    [Transaktionsname]
```

Wie bei BEGIN TRANSACTION können Sie den Transaktionsnamen mit @Variable über eine Variable angeben.

SQL Servers standardmäßige Isolierungsebene ist READ COMMITTED. Verwenden Sie folgende Anweisung, bevor Sie eine Transaktion starten, um eine Isolierungsebene Ihrer Wahl anzugeben:

```
SET TRANSACTION ISOLATION LEVEL
    {READ COMMITTED | READ UNCOMMITTED
    |REPEATABLE READ | SERIALIZABLE}
```

Diese Anweisung setzt die Isolierungsebene für alle folgenden Transaktionen in Ihrer Session.

Eine Transaktion starten (MySQL)

Verwenden Sie START TRANSACTION, um explizit eine MySQL-Transaktion zu starten. (Vor MySQL 4.0.11 müssen Sie BEGIN oder BEGIN WORK verwenden.) Befindet sich MySQL nicht im Autocommit-Modus, startet jede SQL-Anweisung, die Sie ausführen, implizit eine neue Transaktion.

Nur bestimmte MySQL-Tabellentypen (InnoDB-Tabellen beispielsweise) unterstützen Transaktionen. Änderungen an den Daten in nicht-transaktionsfähigen Tabellen werden unabhängig davon, ob Sie sich in einer Transaktion befinden oder nicht, unmittelbar und unwiderruflich ausgeführt.

Bevor Sie eine Transaktion starten, können Sie SET TRANSACTION verwenden, um die Isolierungsebene für Transaktionen zu ändern. Eine vernünftige Folge von Anweisungen könnte dann so aussehen:

```
SET TRANSACTION ISOLATION LEVEL
   {READ UNCOMMITTED|READ COMMITTED
   |REPEATABLE READ|SERIALIZABLE};
START TRANSACTION;
```

Standardmäßig setzt SET TRANSACTION die Isolierungsebene für die folgende Transaktion. Verwenden Sie SET SESSION TRANSACTION, um die standardmäßige Isolierungsebene für Ihre Session zu setzen.

Eine Transaktion beenden

Führen Sie eine COMMIT-Anweisung aus, um eine Transaktion zu beenden und die Änderungen einer Transaktion permanent zu machen:

```
COMMIT [WORK]
```

Oracle unterstützt eine optionale COMMENT-Klausel:

```
COMMIT [WORK] [COMMENT 'Text']
```

WORK ist ein optionales Wort, das der ANSI/ISO SQL-Standard erlaubt (MySQL aber nicht unterstützt), und üblicherweise weggelassen wird. In Oracle überschreibt jeder Name, den Sie mit SET TRANSACTION angegeben haben, alle Kommentare, die Sie eventuell angeben, wenn Sie diese Transaktion abschließen.

SQL Server unterstützt auch eine COMMIT TRANSACTION-Anweisung und ermöglicht Ihnen so, die Transaktion zu identifizieren, die Sie abschließen möchten:

```
COMMIT TRAN[SACTION] [Transaktionsname]
```

SQL Server ignoriert im Grunde aber jeden *Transaktionsname*n, den Sie angeben. SQL Server bietet Namen nur als Annehmlichkeit für Sie, um es Ihnen zu erleichtern, geschachtelte COMMITs mit den zugehörigen BEGIN TRANSACTION-Anweisungen zusammenzubringen.

Oracle unterstützt die folgende Syntax, um den Abschluss einer verteilten Transaktion zu erzwingen:

```
COMMIT [WORK] FORCE
    {'local_tran_id'|'global_tran_id'}
    [system_change_number]
```

Sie identifizieren eine verteilte Transaktion entweder über ihre lokale oder über ihre globale Transaktions-ID, die Sie sich über den DBA_2PC_PENDING-View verschaffen können. Sie haben die Möglichkeit, eine System Change Number (SCN) zuzuweisen, oder können standardmäßig die aktuelle SCN verwenden.

Eine Transaktion abbrechen

Verwenden Sie die ROLLBACK-Anweisung, um eine Transaktion abzubrechen:

```
ROLLBACK [WORK]
```

Wie bei COMMIT wird das Wort WORK (das von MySQL nicht unterstützt wird) üblicherweise weggelassen. Wenn Sie für eine Transaktion ein ROLLBACK ausführen, heben Sie alle Änderungen dieser Transaktion auf.

SQL Server unterstützt außerdem eine ROLLBACK TRANSACTION-Anweisung, die es Ihnen ermöglicht, den Namen der Transaktion anzugeben, die Sie zurückrollen:

```
ROLLBACK TRAN[SACTION] [Transaktionsname]
```

Standardmäßig setzt ROLLBACK TRANSACTION die aktuelle Transaktion zurück. In einer geschachtelten Transaktion ist das die innere Transaktion. Wenn Sie einen Transaktionsnamen angeben, *müssen* Sie den Namen der äußeren Transaktion angeben. Dann wird diese Transaktion mit allen geschachtelten Transaktionen aufgehoben.

Oracle unterstützt die folgende Syntax, um das Zurückrollen einer verteilten Transaktion zu erzwingen:

```
ROLLBACK [WORK] FORCE
    {'lokale_Trans-ID'|'globale_Trans-ID'}
```

Sie identifizieren eine verteilte Transaktion entweder über ihre lokale oder über ihre globale Transaktions-ID, die Sie sich über den DBA_2PC_PENDING-View verschaffen können.

TIPP

Verwenden Sie in SQL Server SET XACT_ABORT {ON|OFF}, um festzulegen, ob ein Fehler in einer SQL-Anweisung automatisch dazu führt, dass die aktuelle Transaktion abgebrochen wird.

Eine Transaktion bis zu einem Savepoint abbrechen

Anstatt eine vollständige Transaktion zurückzurollen, können Sie auch bloß einen Teil einer Transaktion zurückrollen. Dafür müssen Sie in der Transaktion Punkte markiert haben, die als *Savepoints* (Sicherungspunkte) bezeichnet werden. Diese werden bei Oracle und MySQL mit folgender Syntax angegeben:

```
SAVEPOINT Savepoint-Name
```

Bei DB2 können Sie dies angeben:

```
SAVEPOINT Savepoint-Name [UNIQUE]
    [ON ROLLBACK RETAIN CURSORS
    [ON ROLLBACK RETAIN LOCKS]]
```

und bei SQL Folgendes:

```
SAVE TRAN[SACTION] Savepoint-Name
```

Dann können Sie mit folgender Syntax ein ROLLBACK zu einem beliebigen dieser Savepoints ausführen:

```
ROLLBACK [WORK] TO Savepoint
```

Hier folgt ein Beispiel für Oracle:

```
SET TRANSACTION ISOLATION LEVEL READ COMMITTED;
UPDATE county SET state = UPPER(state);
SAVEPOINT state_upper_cased;
DELETE FROM attraction;
ROLLBACK TO state_upper_cased;
COMMIT;
```

Das Ergebnis dieser Transaktion ist, dass alle Staatsabkürzungen in Großbuchstaben umgewandelt werden. Das DELETE auf der Tabelle attraction wird durch das ROLLBACK zu dem Savepoint aufgehoben, der nach der UPDATE-Anweisung eingerichtet wird.

Union-Abfragen

Union-Abfragen nutzen Schlüsselwörter wie UNION, EXCEPT und INTERSECT, um die Ergebnisse von zwei oder mehr Abfragen auf nützliche Weise zu »kombinieren«.

UNION und UNION ALL

Verwenden Sie das Schlüsselwort UNION, um die Ergebnisse von zwei SELECT-Anweisungen zu einer Ergebnismenge zu kombinieren. Alle doppelten Zeilen werden aus dem endgültigen Ergebnis entfernt. Verwenden Sie UNION ALL, um doppelte Zeilen zu bewahren.

UNION

Die folgende UNION-Abfrage simuliert einen Outer Join. Dabei ist city die »erforderliche« Tabelle. Das erste SELECT sammelt alle Städte, die mit der Tabelle attraction verknüpft werden *können*, während das zweite SELECT alle Städte sammelt, die keine Attraktionen besitzen:

```
SELECT c.city_name, a.attraction_name
FROM city c, attraction a
```

```
WHERE c.city_id = a.city_id
UNION
SELECT c.city_name, ''
FROM city c
WHERE c.city_id NOT IN (
    SELECT a.city_id
    FROM attraction a
    WHERE a.city_id IS NOT NULL)
ORDER BY city_name, attraction_name;
```

In DB2 müssen Sie die ORDER BY-Klausel für diese Abfrage folgendermaßen schreiben:

```
ORDER BY city_name, 2;
```

Das liegt daran, dass DB2 die Spaltennamen aus dem ersten SELECT nicht auf die vollständige UNION anwendet, sondern stattdessen einen Namen der Form 1, 2, 3 usw. erzeugt, wenn ein Name nicht über alle Abfragen einer UNION konsistent ist.

Eine Alternativlösung ist, im zweiten SELECT für die berechnete Spalte einen Alias anzulegen:

```
SELECT c.city_name, '' attraction_name
```

Die äquivalente Outer Join-Abfrage wäre:

```
SELECT c.city_name, a.attraction_name
FROM city c LEFT OUTER JOIN attraction a
    ON c.city_id = a.city_id
ORDER BY city_name, attraction_name;
```

ANSI/SQL erlaubt nur eine ORDER BY-Klausel pro Abfrage, und in einer UNION muss die ORDER BY-Klausel am Ende stehen. Die Sortieroperation wird dann auf die gemeinsamen Ergebnisse aller SELECT-Anweisungen ausgeführt, die an der UNION beteiligt sind.

UNION ALL

Die folgenden beiden Abfragen demonstrieren den Unterschied zwischen UNION und UNION ALL:

```
SELECT city_id FROM attraction
WHERE attraction_url IS NOT NULL
UNION ALL
```

```
SELECT city_id FROM attraction
WHERE government_owned='Y';

SELECT city_id FROM attraction
WHERE attraction_url IS NOT NULL
UNION
SELECT city_id FROM attraction
WHERE government_owned='Y';
```

Beide Abfragen erzeugen eine Liste der Städte, deren Touristenattraktionen Websites besitzen, und unabhängig davon werden alle Städte aufgeführt, die eine Attraktion im Staatsbesitz aufweisen. Der Unterschied ist, dass die UNION ALL-Abfrage alle entsprechenden Städte mehrfach aufführt, während bei der UNION-Abfrage Duplikate entfernt werden und deswegen alle entsprechenden Städte nur einmal aufgeführt werden.

Im Vergleich zu UNION ALL hat UNION den Nachteil, dass für die Entfernung der Duplikate bei UNION eine Sortieroperation erforderlich ist, die Zeit in Anspruch nimmt, weil alle Zeilen abgerufen und sortiert werden müssen, bevor dem Client, der die Frage abgeschickt hat, irgendwelche Ergebnisse geliefert werden können.

HINWEIS

ANSI/SQL definiert außerdem EXCEPT ALL und INTERSECT ALL. DB2 unterstützt diese Operationen, Oracle, SQL Server und MySQL tun dies nicht.

Auswertungsreihenfolge

Wenn Sie eine Abfrage schreiben, die die Vereinigung von drei oder mehr SELECT-Anweisungen ist, können Sie Klammern einsetzen, um die Reihenfolge festzulegen, in der die UNION-Operationen erfolgen (beachten Sie, dass MySQL eine derartige Verwendung von Klammern nicht unterstützt):

```
SELECT city_id FROM city
WHERE city_name IS NULL
UNION ALL
(SELECT city_id FROM attraction
```

```
WHERE attraction_url IS NOT NULL
UNION
SELECT city_id FROM attraction
WHERE government_owned='Y');
```

Die Ergebnisse der beiden letzten SELECT-Anweisungen werden zuerst kombiniert und alle Duplikate entfernt, weil diese Kombination ein UNION darstellt. Anschließend bringt das UNION ALL alle Städte ohne Namen ein, ohne dass eine Entfernung von Duplikaten erfolgt. Also werden in diesem konstruierten Beispiel in den Ergebnissen für Städte, die keine Touristenattraktionen haben, Duplikate vorkommen.

Geben Sie nichts anderes an, werden UNION-Operationen von oben nach unten durchgeführt. Die Ausnahme dabei ist, dass INTERSECT Vorrang vor UNION und EXCEPT hat.

EXCEPT (oder MINUS)

Verwenden Sie die EXCEPT-Vereinigungsoperation (MINUS in Oracle), um die Ergebnisse einer Abfrage von denen einer anderen zu »subtrahieren«. Verwenden Sie EXCEPT ALL, wenn Sie keine Entfernung von Duplikaten wünschen.

Weder MySQL noch SQL Server unterstützen die EXCEPT-Operation.

EXCEPT

Geben Sie Folgendes an, um alle Städte zu finden, die überhaupt keine Attraktionen haben:

```
SELECT city_id FROM city
EXCEPT
SELECT city_id FROM attraction;
```

Diese Abfrage beginnt mit einer Liste aller Stadt-IDs (das erste SELECT) und entfernt dann alle Stadt-IDs, die in der Tabelle attraction vorkommen (das zweite SELECT).

Die folgende Abfrage, die MINUS an Stelle von EXCEPT verwendet, damit sie mit Oracle kompatibel ist, nutzt Klammern, um die Reihenfolge der Operationen festzulegen:

```
SELECT city_id FROM city
MINUS
(SELECT city_id FROM attraction
MINUS
SELECT city_id FROM city
WHERE city_name IS NULL);
```

Alle Städte ohne Namen werden aus der Liste der Städte entfernt, die aus der Tabelle attraction genommen wurde, bevor diese Liste aus der vollständigen Liste der Städte entfernt wird. Auf diese Weise sind Städte ohne Namen immer in den endgültigen Ergebnissen dieser Abfrage enthalten.

EXCEPT ALL (DB2)

Nur DB2 unterstützt EXCEPT ALL. Die folgende Abfrage nutzt diese Operation, um eine Liste der Städte zu liefern, die mindestens zwei Attraktionen haben:

```
SELECT city_id FROM attraction;
EXCEPT ALL
SELECT city_id FROM city
```

Die zweite Abfrage liefert genau eine ID für jede Stadt, die erste liefert möglicherweise mehrere IDs pro Stadt. Die ID einer Stadt mit zwei oder mehr Attraktionen wird im Ergebnis der ersten Abfrage zwei oder mehrere Male vorkommen. Bei Marquette führt das zu einer Subtraktion, die folgendermaßen aussieht:

```
3
3
3
EXCEPT ALL
3
```

Weil EXCEPT ALL verwendet wurde, wird die eine Stadt-ID aus der Stadttabelle von den drei aus der Tabelle attraction abgezogen. Es bleiben in der endgültigen Ergebnismenge also zwei Vorkommen:

```
3
3
```

EXCEPT ALL führt nicht unbedingt zu einer ähnlichen Leistungssteigerung, die Sie bei UNION ALL an Stelle von UNION erhalten, weil die EXCEPT-Operation immer noch eine gewisse Sortierung (oder Hashing) der Ergebnisse erfordert, damit die Subtraktionsoperation durchgeführt werden kann.

INTERSECT

Verwenden Sie die INTERSECT-Operation, um alle Zeilen zu finden, die die Ergebnisse von zwei SELECTs gemeinsam haben. Verwenden Sie INTERSECT ALL, wenn Sie nicht möchten, dass Duplikate entfernt werden.

Weder MySQL noch SQL Server unterstützen die INTERSECT-Operation.

INTERSECT

Die folgende INTERSECT-Abfrage findet Namen, die sowohl für Städte als auch für Bezirke verwendet werden:

```
SELECT city_name FROM city
INTERSECT
SELECT county_name FROM county;
```

Eine gewisse Sortier- oder Hashing-Operation wird ausgeführt, um die Zeilen zu finden, die die beiden Ergebnismengen gemeinsam haben. Die Entfernung von Duplikaten stellt sicher, dass jeder Name nur einmal zurückgeliefert wird.

INTERSECT ALL

Verwenden Sie INTERSECT ALL, wenn Sie Duplikate in Betracht ziehen möchten. Nehmen Sie z.B. an, es seien die folgenden Daten gegeben:

```
MARQUETTE
MARQUETTE
BARAGA
BARAGA
MUNISING
INTERSECT ALL
MARQUETTE
MARQUETTE
BARAGA
```

Dann liefert INTERSECT:

```
MARQUETTE
BARAGA
```

INTERSECT ALL würde hingegen Folgendes liefern:

```
MARQUETTE
MARQUETTE
BARAGA
```

Weil Marquette in beiden Ergebnismengen zweimal vorkommt, erscheint es auch zweimal im endgültigen Ergebnis. Baraga andererseits kommt in der zweiten Ergebnismenge nur einmal vor und erscheint im endgültigen Ergebnis deswegen auch nur einmal.

Unterabfragen

Unterabfragen können in den meisten SQL-Anweisungen wie folgt verwendet werden:

In der SELECT-Liste einer SELECT-Anweisung
  Siehe Unterabschnitt »Die SELECT-Klausel« im Abschnitt »SELECT: Daten auswählen«.

In der FROM-Klausel einer SELECT-Anweisung
  Siehe Unterabschnitt »Die FROM-Klausel« im Abschnitt »SELECT: Daten auswählen«.

In der WHERE-Klausel einer SELECT -Anweisung
  Siehe Abschnitt »Prädikate« und Unterabschnitt »Die WHERE-Klausel« im Abschnitt »SELECT: Daten auswählen«.

In der ORDER BY-Klausel einer SELECT-Anweisung
  Siehe Unterabschnitt »Die ORDER BY-Klausel« im Abschnitt »SELECT: Daten auswählen«.

In einer INSERT...SELECT...FROM-Anweisung
  Siehe Unterabschnitt »Einfügen mit Unterabfragen« im Abschnitt »INSERT: Daten einfügen«.

In der SET-Klausel einer UPDATE-Anweisung
Siehe Unterabschnitt »Neue Werte aus einer Unterabfrage« im Abschnitt »UPDATE: Daten aktualisieren«.

Eine Unterabfrage in der FROM-Klausel einer SELECT-Anweisung funktioniert wie ein View und nimmt die Stelle einer Tabelle als Datenquelle ein. Genau so, wie Sie Views als Ziele von INSERT-, DELETE- und UPDATE-Anweisungen einsetzen können, können Sie Unterabfragen als Ziele für diese Anweisungen verwenden, zum Beispiel:

```
DELETE
FROM (SELECT * FROM attraction
      WHERE government_owned='Y')
WHERE attraction_url IS NULL;
```

Diese Anweisung löscht alle Attraktionen in Staatsbesitz, denen keine Website zugeordnet ist.

Die WITH-Klausel

ANSI/ISO definiert eine WITH-Klausel, die Sie einsetzen können, um eine Unterabfrage auszulagern, damit Sie sie in Ihrer SELECT-Anweisung nicht wiederholen müssen. Oracle und DB2 unterstützen WITH, SQL Server und MySQL jedoch nicht.

Das folgende SELECT wiederholt dieselbe Unterabfrage zweimal, um eine Liste mit den Städten zu erzeugen, die mehr Attraktionen haben als der Durchschnitt:

```
SELECT a1.city_id, COUNT(*) att_count,
       (SELECT AVG(attraction_count)
        FROM (SELECT a2.city_id,
              COUNT(*) attraction_count
              FROM attraction a2
              GROUP BY a2.city_id)) avg_att_count
FROM attraction a1
GROUP BY a1.city_id
HAVING COUNT(*) > (
SELECT AVG(attraction_count)
FROM (SELECT a2.city_id, COUNT(*) attraction_count
      FROM attraction a2
      GROUP BY a2.city_id));
```

Abgesehen davon, dass diese Abfrage schwer zu lesen und zu verstehen ist, stellt sie auch ein potenzielles Wartungsproblem dar, weil jede Änderung an der Unterabfrage zweimal gemacht werden muss. Mit WITH können Sie die Abfrage so umschreiben, dass in ihr die Unterabfrage nur einmal angegeben werden muss. Das folgende Beispiel funktioniert unter Oracle:

```
WITH average_attraction_count AS
    (SELECT
        AVG(attraction_count) avg_att_count
        FROM (SELECT a2.city_id,
            COUNT(*) attraction_count
        FROM attraction a2
        GROUP BY a2.city_id))
SELECT a1.city_id, COUNT(*) att_count,
        (SELECT avg_att_count
        FROM average_attraction_count)
FROM attraction a1
GROUP BY a1.city_id
HAVING COUNT(*) > (SELECT avg_att_count
        FROM average_attraction_count);
```

In Bezug auf die Benennung der Spalten, die von der Abfrage mit der WITH-Klausel zurückgeliefert werden, gibt es kleine Unterschiede zwischen DB2 und Oracle. In Oracle geben Sie Spalten-Aliase an, um die Spalten zu benennen. In DB2 benennen Sie die Spalten in Klammern nach dem Namen der Unterabfrage:

```
WITH average_attraction_count
    (avg_att_count) AS
    ...
```

Wie Sie sehen, werden Sie mit der WITH-Klausel die mehrfache Unterabfrage nicht vollständig los. Aber sie ermöglicht Ihnen, die ganze komplexe Logik in die ausgelagerte Unterabfrage zu packen, so dass für die Unterabfragen in der eigentlichen Anweisung nur noch einfache SELECTs bleiben.

Sehen Sie sich den Abschnitt »Hierarchische Abfragen« an, wenn Sie erfahren wollen, wie WITH bei DB2 verwendet wird, um rekursive Abfragen zu schreiben.

WITH mit korrelierten Unterabfragen

Es ist ziemlich einfach, WITH zu verwenden, um, wie im vorigen Abschnitt gezeigt, eine nicht-korrelierte Unterabfrage auszulagern. Sie müssen sich mehr Gedanken machen, wenn eine korrelierte Unterabfrage ausgelagert werden soll, weil WITH-Unterabfragen nicht korreliert sein dürfen. Betrachten Sie die folgende Abfrage, die eine korrelierte Unterabfrage nutzt, um für jede Attraktion den Bezirksnamen zurückzuliefern:

```
SELECT attraction_name,
       (SELECT county_name
        FROM county ct JOIN city c
          ON ct.county_id = c.county_id
        WHERE c.city_id = a.city_id)
FROM attraction a
WHERE (SELECT county_name
        FROM county ct JOIN city c
          ON ct.county_id = c.county_id
        WHERE c.city_id = a.city_id) = 'Houghton';
```

Eine Möglichkeit, diese Unterabfrage mit WITH umzuschreiben, ist, den Join in die WITH-Unterabfrage zu packen, die Korrelation aber in den beiden Unterabfragen im eigentlichen SELECT zu belassen:

```
WITH silly_subquery AS
     (SELECT city_id, county_name
      FROM county ct JOIN city c
      ON ct.county_id = c.county_id)
SELECT attraction_name,
       (SELECT county_name
        FROM silly_subquery ss
        WHERE a.city_id = ss.city_id)
FROM attraction a
WHERE (SELECT county_name
        FROM silly_subquery ss
        WHERE a.city_id = ss.city_id) = 'Houghton';
```

Das bringt Ihnen aber nicht viel, da die beiden Unterabfragen im eigentlichen SELECT gerade einmal eine Zeile kürzer sind als zuvor. Eine andere Möglichkeit ist, im eigentlichen SELECT die Unterabfrage mit der Attraktionentabelle zu verknüpfen:

```
WITH silly_subquery AS
    (SELECT city_id, county_name
     FROM county ct JOIN city c
     ON ct.county_id = c.county_id)
SELECT a.attraction_name, ss.county_name
FROM attraction a JOIN silly_subquery ss
    ON a.city_id = ss.city_id
WHERE ss.county_name = 'Houghton';
```

Das ist viel besser. Natürlich hätten Sie, wenn Sie einen Join hätten schreiben wollen, die Unterabfrage von Anfang an in die FROM-Klausel geschrieben:

```
SELECT a.attraction_name, ss.county_name
FROM attraction a JOIN
    (SELECT city_id, county_name
     FROM county ct JOIN city c
       ON ct.county_id = c.county_id) ss
    ON a.city_id = ss.city_id
WHERE ss.county_name = 'Houghton';
```

Das soll nicht heißen, dass das WITH sinnlos ist, aber manchmal haben Sie fast mehr davon, wenn Sie es nicht verwenden. In diesem Fall ist die Logik des eigentlichen SELECT wahrscheinlich klarer, wenn die Unterabfrage früher, in der WITH-Klausel, aufgeführt wird. Hier liegt der Vorteil der Verwendung von WITH in der besseren Lesbarkeit.

In DB2 geben Sie die Spaltennamen in der WITH-Klausel wie folgt an:

```
WITH silly_subquery
    (city_id, county_name)
    AS (SELECT ... )
```

In Oracle verwenden Sie Spalten-Aliase, wie in den Beispielen dieses Abschnitts gezeigt.

UPDATE: Daten aktualisieren

Verwenden Sie die UPDATE-Anweisung, um in einer Tabelle vorhandene Daten zu modifizieren. Sie können eine Zeile oder eine Zeilenmenge aktualisieren. Sie können eine einzelne Menge mit neuen Werten in der Anweisung angeben, oder Sie können neue Werte über eine Unterabfrage generieren.

Einfache Updates

Ein einfaches UPDATE hat die folgende Form:

```
UPDATE Tabelle
SET Spalte = Wert, Spalte = Wert ...
WHERE Prädikate
```

In dieser Form identifizieren die *Prädikate* eine oder mehrere Zeilen, die Sie aktualisieren wollen. Sie können so viele *Spalte = Wert*-Paare angeben, wie Sie wollen, eins für jede Spalte, die Sie modifizieren wollen. Zum Beispiel:

```
UPDATE artist
SET website = 'outthewindow.gennick.com'
WHERE name = 'Jenny Gennick';
```

Wenn Sie nur einen neuen Wert angeben, möchten Sie in der Regel nur eine Zeile aktualisieren, und Ihre WHERE-Klausel-Prädikate sollten dann einen Primärschlüssel oder einen eindeutigen Schlüsselwert referenzieren, der diese Zeile identifiziert. Mit Ausdrücken können Sie sinnvolle UPDATEs schreiben, die viele Zeilen modifizieren:

```
UPDATE cd
SET title = UPPER(title),
    price = ROUND((price * 1.10),2);
```

Dieses Beispiel erhöht den Preis von CDs um 10% und setzt die Titel aller CDs in Großbuchstaben.

Neue Werte aus einer Unterabfrage

Sie konnen auch neue Werte aus einer Unterabfrage generieren. Eine Möglichkeit dazu ist, separate Unterabfragen für jede Spalte zu schreiben, die Sie aktualisieren wollen:

```
UPDATE Tabelle
SET Spalte = (Unterabfrage), Spalte = (Unterabfrage), ...
```

Zum Beispiel:

```
UPDATE cd
SET total_time = (
        SELECT SUM(playing_time)
        FROM song
        WHERE song.cd_id = cd.cd_id);
```

Unterabfragen wie diese müssen immer korreliert sein und dürfen immer nur eine Zeile und eine Spalte zurückliefern. In diesem Fall summiert die Unterabfrage die Laufzeit (playing_time) der einzelnen Songs auf einer CD und liefert einen Wert zurück, der in die total_time-Spalte der Tabelle cd eingesetzt wird.

Sie können auch eine Unterabfrage schreiben, die mehr als einen Spaltenwert zurückliefert. In diesem Fall muss die Anzahl der zurückgelieferten Werte der Anzahl der zu aktualisierenden Spalten entsprechen (aber weder SQL Server noch MySQL unterstützen diese Syntax):

```
UPDATE Tabelle
SET (Spalte, Spalte, ...) = (Unterabfrage)
```

Zum Beispiel:

```
UPDATE cd
SET (first_track, artist) = (
        SELECT title, artist
        FROM song
        WHERE song.cd_id = cd.cd_id
          AND track = 1);
```

Dieses Beispiel fügt den Titel und den Künstler der ersten Tracks jeder CD in die Tabelle cd ein.

Aktualisieren über einen Cursor

Wenn Sie über einen Cursor aktualisieren, können Sie in Ihrer WHERE-Klausel angeben, das Sie die beliebige Zeile aktualisieren wollen, auf die der Cursor gerade zeigt:

```
UPDATE Tabelle
SET ...
WHERE CURRENT OF Cursor-Name
```

DB2 und SQL Server unterstützen diese Syntax, Oracle und MySQL nicht.

Views und Unterabfragen aktualisieren

Wie bei DELETE können Sie als Ziel einer UPDATE-Anweisung auch einen View oder eine Unterabfrage angeben:

```
UPDATE cd_song
    SET title = INITCAP(title);
```

Weder SQL Server noch MySQL unterstützen diese Syntax.

Unterschiedliche Datenbanken erlegen dieser Praxis unterschiedliche Einschränkungen auf, aber in der Regel müssen Sie dazu in der Lage sein, eindeutig eine einzelne Tabellenzeile aus einer View-Zeile zu erhalten, damit Sie ein UDATE auf einem View oder einer Unterabfrage ausführen können.

Eine Partition aktualisieren (Oracle)

Oracle ermöglicht es Ihnen, Udates auf bestimmte Partitionen und Unterpartitionen einzuschränken:

```
UPDATE Tabelle PARTITION Name
```

oder:

```
UPDATE Tabelle SUBPARTITION Name
```

Seien Sie vorsichtig damit, die Namen von Partitionen und Unterpartitionen in Ihre Programme einzubetten, weil DBAs die Partitionierung mit der Zeit ändern können. In einigen Fällen kann Oracles Optimizer auf Basis der Prädikate, die Sie in der WHERE-Klausel angeben, die Partitionen korrekt zuschneiden.

Aktualisierte Daten zurückliefern (Oracle)

Oracle unterstützt die folgende Form von UPDATE, die Informationen zu den aktualisierten Zeilen zurückliefert:

```
UPDATE ...
SET ...
WHERE ...
```

```
RETURNING Ausdruck [,Ausdruck ...]
INTO Variable [,Variable ...]
```

Wenn Sie eine einzelne Zeile aktualisieren, erwartet Oracle, dass die Werte in Bind-Variablen zurückgegeben werden. Aktualisieren Sie mehr als eine Zeile, erwartet Oracle, dass die Werte in Bind-Arrays zurückgegeben werden.

Die UPDATE FROM-Klausel (SQL Server)

SQL Server ermöglicht es Ihnen, in einer UPDATE-Anweisung eine FROM-Klausel zu schreiben, um Spalten aus mehreren Tabellen für die Verwendung in Ihren SET-Ausdrücken zu sammeln. Im Abschnitt »Neue Werte aus einer Unterabfrage« weiter oben wurde eine Unterabfrage verwendet, um für den ersten Track jeder CD den Titel und den Interpreten aus der Tabelle song abzurufen, damit diese Informationen noch einmal in den entsprechenden cd-Zeilen gespeichert werden können. In SQL Server können Sie mit der FROM-Klausel dasselbe erreichen:

```
UPDATE cd
    SET first_track = song.title,
        artist = song.artist
FROM cd INNER JOIN song
    ON cd.cd_id = song.cd_id
WHERE song.track = 1;
```

Wenn Sie diese Syntax verwenden, müssen Sie sicherstellen, dass das UPDATE *deterministisch* ist, d.h., dass es nur einen möglichen Wert für jede Spalte gibt, die Sie in einem SET-Ausdruck referenzieren. Die WHERE-Klausel in diesem Beispiel stellt sicher, dass song.title und song.artist auf nur eine Kombination von title und artist aus der Tabelle song verweisen. Ohne diese WHERE-Klausel gäbe es so viele Song/Titel-Kombinationen pro CD, wie es Tracks auf der CD gibt. In einem solchen Viele-zu-eins-Fall könnte die Anweisung erfolgreich sein, aber es gibt keine Regel, die steuert, welche dieser Song/Titel-Kombinationen verwendet würde.

Wenn Sie eine aktualisierte Tabelle in der FROM-Klausel mehr als einmal referenzieren, müssen allen diesen Referenzen außer einer Tabellen-Aliase zugewiesen werden.

Index

Symbole

!=-Vergleichsoperator 107
$-Metazeichen für reguläre Ausdrücke (Dollarzeichen) 115
%-Zeichen für Mustervergleiche (Prozentzeichen) 111, 116
(...)-Metazeichen für reguläre Ausdrückes 115, 117
(\)-Escape-Zeichen 112, 115
  MySQLs reguläre Ausdrücke und 116
= und =, linke und rechte Outer Joins anzeigen 97
*-Metazeichen für reguläre Ausdrücke (Asterisk) 115, 117
  alle Spalten aus einer Tabelle zurückliefern 119
  COUNT-Funktion und 65
  mit Tabellennamen qualifizieren 119
+-Metazeichen für reguläre Ausdrücke (Plus) 115, 117
  optionale Tabellen kennzeichnen 97
  String-Verknüpfungsoperator 62
.-Zeichen für Mustervergleiche (Punkt) 111, 115, 117
< >-Vergleichsoperator 107
<=>-Vergleichsoperator 108

<=-Vergleichsoperator 108, 111
<-Vergleichsoperator 107
=-Vergleichsoperator 108, 131
>=-Vergleichsoperator 108, 111
>-Vergleichsoperator 108
?-Metazeichen für reguläre Ausdrücke (Fragezeichen) 115, 117
[...]-Metazeichen für reguläre Ausdrücke 115, 116
[[.xx.]]-Metazeichen für reguläre Ausdrücke 117
[[:<:]]-Metazeichen für reguläre Ausdrücke 117
[[:>:]]-Metazeichen für reguläre Ausdrücke 117
[.xx.]-Metazeichen für reguläre Ausdrücke 115
[:class:]-Metazeichen für reguläre Ausdrücke 115, 117
[=chars=]-Metazeichen für reguläre Ausdrücke 115, 117
[^...]-Metazeichen für reguläre Ausdrücke 115, 116
\\-Escape-Sequenz (MySQL) 99
\"-Escape-Sequenz (MySQL) 99
\%-Escape-Sequenz (MySQL) 100
\'-Escape-Sequenz (MySQL) 99
_-Escape-Sequenz (MySQL) 100
\0-Escape-Sequenz (MySQL) 99

\1 ... \9-Metazeichen für reguläre Ausdrücke 115

\b-Escape-Sequenz (MySQL) 99

\n-Escape-Sequenz (MySQL) 99

\r-Escape-Sequenz (MySQL) 99

\t-Escape-Sequenz (MySQL) 99

\z-Escape-Sequenz (MySQL) 99

^=-Vergleichsoperator 107

^-Metazeichen für reguläre Ausdrücke (Caret-Zeichen) 115, 117

_-Zeichen für Mustervergleiche (Unterstrich) 112, 116

{x}, {x,y}, {x,}-Metazeichen für reguläre Ausdrücke 115, 117

||-String-Verknüpfungsoperator 62

|-Metazeichen für reguläre Ausdrücke (Pipe-Zeichen) 115, 117

A

Abbrechen von Transaktionen 138

Abfragen
  Flashback- 47, 131
  hierarchische 75–81
  UNION- 140–146
    Auswertungsreihenfolge 142

ABS-Funktion 56

ACOS-Funktion 58

ADD_MONTHS-Funktion 53

Aggregatfunktionen 65

aktuelles Datum/aktuelle Uhrzeit zurückliefern 49–52

Aliase
  Joinspalten qualifizieren 93
  Spalten- 122–125
    UNION-Abfragen und 141

Tabellen- 42
  Flashback-Abfragen und 47
  in FROM-Klauseln 128

ALL-Schlüsselwort 65, 126
  Vergleichsoperatoren und 108
  vs. FIRST-Schlüsselwort 86

ANSI/ISO CAST-Funktion 16
  MySQL 36, 42
  SQL Server 31

ANSI/ISO EXTRACT-Funktion 17, 36

ANSI/ISO WITH-Klausel
  korrelierte Unterabfragen auslagern 149–150
  nicht-korrelierte Unterabfragen auslagern 147
  rekursive 75

ANSI_NULLS-Einstellung 106

ANY-Schlüsselwort und Vergleichsoperatoren 108

APPEND-Hint und Direct-Path-Inserts 84

AS OF-Schlüsselwort 47

ASCENDING-Schlüsselwort 132

ASIN-Funktion 58

Asterisk-Metazeichen für reguläre Ausdrücke (*) 115, 117
  alle Spalten aus einer Tabelle zurückliefern 119
  COUNT-Funktion und 65
  mit Tabellennamen qualifizieren 119

ATAN2-Funktion 58

ATAN-Funktion 58

ATANH-Funktion 58

ATN2-Funktion (SQL Server) 58

Ausdrücke in SELECT-Anweisungen verwenden 120

Auswertungsreihenfolge bei UNION-Operationen 142

Autocommit-Modus 42, 133
AVG-Funktion 66

B

Backslash-Escape-Zeichen (\)
    112, 115
    MySQLs reguläre Ausdrücke
    und 116
bedingte Multi-Table-Inserts 86
bedingungslose Multi-Table-
    Inserts 85
Beenden von Transaktionen 137
BEGIN DISTRIBUTED TRAN-
    SACTION-Anweisung 136
BEGIN TRANSACTION-Anwei-
    sung (SQL Server) 133,
    136
BEGIN/BEGIN WORK-Anwei-
    sungen (MySQL) 134
Begrenzen von Strings 99
Beispieldaten 10–13
Benennen von Transaktionen 134
besondere Register 51
BETWEEN-Prädikat 108, 111
BIGINT-Funktion 25, 28
BINARY_DOUBLE-Typ 24
BINARY_FLOAT-Typ 24
BIN-Funktion 41
BLOB, LONG-Werte umwandeln
    in 25
BLOB-Funktion 30
BULK COLLECT-Schlüsselwörter
    45

C

CASE-Ausdrücke 13–15
    NULL-Werte und 104
CAST-Funktion 16
    MySQL 36, 42
    SQL Server 31

CD-Informationen, Tabellen für
    11
CEIL-Funktion 56
CEILING-Funktion 56
CHAR-Funktion 25, 28, 30
CHARINDEX-Funktion 59
Chemikalien-Kontakt-Informa-
    tionen, Tabellen für 11
CLOB, LOB umwandeln in 24
CLOB-Funktion 30
COALESCE-Funktion 105
Collections in FROM-Klausel 130
COMMENT-Klausel (Oracle)
    137
COMMIT TRANSACTION-
    Anweisung 138
COMMIT-Anweisung
    Transaktionen beenden 137
    Transaktionen benennen 134
CONCAT-Funktion 61
CONNECT BY-Syntax (Oracle)
    77–81
CONNECT_BY_ISCYCLE-
    Funktion 80
CONNECT_BY_ISLEAF-
    Funktion 80
CONNECT_BY_ROOT-Funk-
    tion/CONNECT_BY_
    ROOT-Operator 81
CONVERT-Funktion
    Datums-/Zeitumwandlungen
    (SQL Server) 31–33
    numerische Umwandlungen
    (SQL Server) 34
CONV-Funktion 41
COS-Funktion 58
COSH-Funktion 58
COT-Funktion 58
COUNT-Funktion 65, 66

CREATE TABLE-Anweisung und Groß-/Kleinschreibung/ Interpunktionszeichen in Namen 124
CROSS JOIN-Schlüsselwörter 89
CUBE-Operation
  Oracle 71
  SQL Server 74
CURDATE() 52
CURRENT DATE-Funktion 51
CURRENT TIME-Funktion 51
CURRENT TIMESTAMP-Funktion 51
CURRENT TIMEZONE-Funktion 51
CURRENT_DATE-Funktion
  DB2 51
  MySQL 52
  Oracle 50
CURRENT_TIME-Funktion
  DB2 51
  MySQL 52
CURRENT_TIMESTAMP-Funktion
  DB2 51
  MySQL 52
  Oracle 50
  SQL Server 51
CURRENT_TIMEZONE-Funktion 51
Cursor, Aktualisieren über 152
CURTIME() 52

D

DATE_ADD-Funktion 55
DATE_FORMAT-Funktion 39
DATE_SUB-Funktion 55
DATEADD-Funktion 54
DATEDIFF-Funktion 54

DATE-Funktion 25, 27
DATENAME-Funktion 33
Datentyp-Umwandlungen 15–42
DATEPART-Funktion 33
Datums-/Zeitumwandlungen
  DB2 25–28
  MySQL 36–41
  Oracle 18–22
  SQL Server 30–34
Datums-/Zeitwert-Intervall-Literale 101
Datums-/Zeitwert-Literale 100
Datumsformat-Elemente (Oracle) 18–20
Datumsfunktionen 49–55
  aktuelles Datum/aktuelle Uhrzeit zurückliefern 49–52
  Datumsarithmetik durchführen
    Oracle 53
    SQL Server 54
  Intervalle addieren/subtrahieren 55
  runden/kürzen 52
DAY_HOUR-Schlüsselwort (MySQL) 55
DAY_MINUTE-Schlüsselwort (MySQL) 55
DAY_SECOND-Schlüsselwort (MySQL) 55
DAY-Funktion 25, 34
DAYNAME-Funktion 25, 36
DAYOFMONTH-Funktion 36
DAYOFWEEK-Funktion 25, 36
DAYOFYEAR-Funktion 25, 36
DAY-Schlüsselwort (MySQL) 55
DAYS-Funktion 25
DB2
  über einen Cursor aktualisieren 152

Datums-/Zeitumwandlungen
25–28
EXCEPT ALL-Operation 144
Funktionen für aktuelles
Datum/aktuelle Uhrzeit 51
Funktionen für NULL-Werte
106
numerische Umwandlungen
28–30
rekursive WITH-Klausel 75
Suchfunktion 59
trigonometrische Funktionen
58
Zeichen umwandeln 63
DBA_2PC_PENDING-Tabelle
135, 138
DBCLOB-Funktion 30
DBTIMEZONE-Funktion 51
DECIMAL-Funktion 25, 28
DECODE-Funktion 13, 105
DEFAULT-Schlüsselwort 82
DELETE-Anweisung 42–46
Daten zusammenführen 102
gelöschte Daten zurückliefern
45
Löschen aus
Ergebnissen von Tabellen-
Joins 46
Partitionen 45
Views und Unterabfragen 44
Unterabfragen und 147
vs. TRUNCATE TABLE-
Anweisung 43
DESCENDING-Schlüsselwort
132
Direct-Path-Inserts 84
DISTINCT-Schlüsselwort 65,
126
Dollarzeichen-Metazeichen für
reguläre Ausdrücke ($) 117

doppelte Zeilen aus Ergebnismenge entfernen 126
DOUBLE_PRECISION-Funktion
28
DOUBLE-Funktion 28
dual-Tabelle (Oracle) 120
Durchsuchen von Strings, Funktionen für 59
durchsuchte CASE-Ausdrücke 14

E

Ein-Byte-/Mehr-Byte-Zeichen,
Umwandlungen zwischen
25
einzelne Zeilen einfügen 81
ELSE-Klausel, Verwendung in
Multi-Table-Inserts 86
Equi-Joins (siehe Inner Joins)
erforderliche Tabellen in Outer
Joins 95–98
Ergebnismengen 118
mit INTERSECT gemeinsame
Zeilen finden 145
Spaltennamen
angeben 118
steuern 121
mit UNION-Schlüsselwort
kombinieren 140
Zeilenduplikate entfernen aus
126
Escape-Sequenzen für String-Lite-
rale (MySQL) 99
Escape-Zeichen (\) 112, 115
MySQLs reguläre Ausdrücke
und 116
EXCEPT ALL-Operation 144
EXCEPT-Operation 143
EXISTS-Prädikat 108, 110
EXP-Funktion 56
EXTRACT-Funktion 17, 36

F

FIRST vs. ALL 86
Flashback-Abfragen 47, 131
Fließkommatypen, von Oracle
    Database 10g unterstützte
    24
Fließkommazahlen und NANVL-
    Funktion 57
FLOAT-Funktion 28
FLOAT-Werte
    Literale schreiben 100
    umwandeln in Zeichenstring
    (SQL Server) 35
FLOOR-Funktion 56
Formatelemente (Oracle)
    Datums-/Uhrzeit- 18–20
    numerische 22
FORMAT-Funktion 41
Format-Spezifizierer (MySQL) 39
FROM_DAYS-Funktion 37
FROM_UNIXTIME-Funktion 38
FROM-Klausel 128–131
    Collections in 130
    DELETE-Anweisung und 46
    Partitionen/Unterpartitionen in
    130
    SELECT-Anweisung 118–126
    Tabellenaliase in 128
    Unterabfragen in 129
    Zeilen verknüpfen mit 87
    in UPDATE-Anweisungen 154
Full Outer Joins 96
Funktionen 48–64
    Aggregat- 65
    Datums- 49–55
    Gruppierungs- 64–74
    mathematische/numerische 56
    skalare 49–64
    String- 59–64

G

trigonometrische 58
Umwandlungs- 15–42
Zusammenfassungs- 70–74

geschachtelte Tabellenspalten
    (Oracle) 130
GETUTCDATE() 52
GREATEST-Funktion 64
Gregorianische Daten, Funk-
    tionen zur Umwandlung
    von 38
Groß-/Kleinschreibung
    Interpunktionszeichen/Groß-/
    Kleinschreibung in Namen
    123
    MySQL-Mustervergleiche 116
    Oracle-Mustervergleiche 114
    von Strings ändern 64
GROUP BY-Klausel 66
    Erweiterungen
        Oracle 70–73
        SQL Server 73
    GROUP BY-Listen verkleinern
    68
    HAVING-Klausel und 69
GROUP_ID-Funktion 73
GROUPING SETS-Operation 72
GROUPING_ID-Funktion 73
GROUPING-Funktion
    Oracle 72
    SQL Server 74

H

HAVING-Klausel 69
    Prädikate und 107
HEX-Funktion 41
hierarchische Abfragen 75–81

HOUR_MINUTE-Schlüsselwort
(MySQL) 55
HOUR_SECOND-Schlüsselwort
(MySQL) 55
HOUR-Funktion 25, 36
HOUR-Schlüsselwort (MySQL)
55

I

Identifier und Interpunktionszei-
chen/Groß-/Kleinschrei-
bung 123
IF-Funktion 107
IFNULL-Funktion 106
Indexe auf Spalten, Anwendung
von, verhindern 48
INITCAP-Funktion 64
Inner Joins 87, 89–93
Join-Vorrang 90
Natural Joins 92
schreiben mit USING-Klausel
91
SQL 1992-Syntax 87, 89
INNER JOIN-Schlüsselwörter 90
IN-Prädikat 108, 110, 131
INSERT ALL-Anweisung 85
INSERT-Anweisung 81–86
Direct-Path-Inserts (Oracle) 84
Einfügen über Unterabfragen
83
einzelne Zeilen einfügen 81
mehrere Zeilen einfügen 83
Multi-Table-Inserts 85
Unterabfragen und 147
INSTRB/INSTR2/INSTR4-Funk-
tionen 59
INSTR-Funktion
MySQL 60
Oracle 59

Interpunktionszeichen/Groß-/
Kleinschreibung in Namen
123
INTERSECT ALL-Operation 145
INTERSECT-Operation 145
INTERVAL DAY TO SECOND-
Literale 101
INTERVAL YEAR TO MONTH-
Literale 101
Intervalle
hinzufügen zu/abziehen von
Datumswerten 54
in Intervall-Typen umwandeln
20
Schlüsselwörter für numerische
Intervalle 55
IS [NOT] NULL-Vergleichsope-
rator 108
Isolierungsebenen für Transak-
tionen 135–137

J

JOIN-Klausel 87–98
Joins 87–98
CONNECT BY-Abfragen und
78
Cross Joins 89
Doppel-FROM-Klauseln und
46
Grundlagen 87
Inner (siehe Inner Joins)
Join-Bedingungen 88, 90
Join-Reihenfolge umkehren 91
Kartesische Joins 87–89
Natural Joins 92
Nicht-Equi-Joins 93
Outer (siehe Outer Joins)
vor dem Join gruppieren 69
JULIAN_DAY-Funktion 25, 28

K

Kartesische Joins 87–89
Klammern
  Auswertungsreihenfolge für
    UNION-Operationen 142
  Einfügen über Unterabfragen
    und 83, 125, 148
  Join-Vorrang und 90
  Outer Joins und 95
korrelierte Unterabfragen
  auslagern mit WITH-Klausel
    149–150
  in EXISTS-Prädikaten 110
  neue Werte generieren 152
  ORDER BY-Klausel und 133

L

LAST_DAY-Funktion 53
LCASE-Funktion 64
LEAST-Funktion 64
Left Outer Joins 94
LEN-Funktion (SQL Server) 61
LENGTHB/LENGTH2/
    LENGTH4-Funktionen 61
LENGTH-Funktion 61
lesende und schreibende Transaktionen 135
LEVEL-Funktion 81
LIKEC/LIKE2/LIKE4-Prädikate
    112
LIKE-Prädikat 108, 111
  REGEXP-Prädikat in MySQL
    116
  SQL Server-Version 116
linke Seite eines Vergleichs, mehrere Werte angeben auf 109
Literale 98–101
LN-Funktion 56
LOB (Large Object) in CLOB
    umwandeln 24

LOCALTIMESTAMP-Funktion
    50
LOCATE-Funktion 59
LOG10-Funktion 57
LOG-Funktion 56
LONG RAW-Werte in CLOB
    umwandeln 25
LONG_VARCHAR-Funktion 30
LONG-Werte in BLOB umwandeln 25
LOWER-Funktion 64
LTRIM-Funktion 62

M

Materialliste-Szenario 75–80
  Tabellen für 12
mathematische Funktionen 56
MAX-Funktion 66
MEDIAN-Funktion 66
mehrere Zeilen einfügen 83
MERGE-Anweisung 101
Metazeichen für reguläre
    Ausdrücke
  MySQL 116
  Oracle 115
  SQL Server 116
Michigan, Touristenattraktionen,
    Tabellen für 11
MICROSECOND-Funktion 25
MIDNIGHT_SECONDS-Funktion 25
MIN-Funktion 66
MINUS-Operation (Oracle) 143
MINUTE_SECOND-Schlüsselwort (MySQL) 55
MINUTE-Funktion 25, 36
MINUTE-Schlüsselwort (MySQL)
    55
MOD-Funktion 57

MONEY-Werte in Zeichenstrings umwandeln 35
MONTH-Funktion 25, 34, 36
MONTHNAME-Funktion 25, 36
MONTHS_BETWEEN-Funktion 54
MONTH-Schlüsselwort (MySQL) 55
Multi-Table-Inserts 85
Mustervergleiche
    LIKE/NOT LIKE-Prädikate 111
    Oracles Funktionen für reguläre Ausdrücke 113–115
    REGEXP-Prädikat (MySQL) 116
MySQL
    Autocommit-Modus einschalten/ausschalten 133
    Datums-/Zeitumwandlungen 36–41
    Datumsfunktionen 55
    Einschränkungen bei der CAST-Funktion 17
    Funktionen für aktuelles Datum/aktuelle Uhrzeit 52
    Funktionen für NULL-Werte 106
    numerische Umwandlungen 41
    reguläre Ausdrücke 116
    String-Literale, Escape-Sequenzen 99, 112
    Substring-Funktionen 61
    Suchfunktionen 60
    Transaktionen starten 136
    trigonometrische Funktionen 58

N

NANVL-Funktion 57
nationale Zeichensätze
    Text-Literale und 98
    Umwandeln in 25
NATURAL JOIN-Schlüsselwörter 92
NCLOB in Textdaten umwandeln 24
NEXT_DAY-Funktion 53
Nicht-Equi-Joins 93
nicht-korrelierte Unterabfragen
    auslagern mit WITH-Klausel 147
    in FROM-Klausel 129
NLS_DATE_FORMAT-Parameter 20
NLS_SESSION_PARAMETERS-View 21
NLS_SORT-Parameter 115
NLS_TIMESTAMP_FORMAT-Parameter 21
NLS_TIMESTAMP_TZ_FORMAT-Parameter 21
NOCYCLE-Schlüsselwort 80
NOT EXISTS-Prädikat 110
NOT LIKE-Prädikat 111
NOT NULL-Constraint 95
NOW() 52
NULLIF-Funktion 106
NULL-Werte 103–107
    CASE-Ausdrücke und 104
    DB2 Funktionen für 106
    IN-Prädikate und 111
    MySQL-Funktionen für 106
    mit dem NULL-Schlüsselwort in Spalten einfügen 82
    Oracle-Funktionen für 105
    in Outer Joins interpretieren 95

Prädikate für 103
SQL Server-Funktionen für 106
numerische Funktionen 56
numerische Literale 100
numerische Umwandlungen
DB2 28–30
MySQL 41
Oracle 22–24
SQL Server 34
NUMTODSINTERVAL-Funktion
22
NUMTOYMINTERVAL-
Funktion 22
nur-lesende Transaktionen 135
NVL/NVL2-Funktionen 105

O

OCT-Funktion 41
ON-Klausel
Join-Vorrang 91
SQL92-Inner Join-Syntax 90
vs. USING-Klausel 91
optionale Tabellen in Outer Joins
95–98
Oracle
Collections in FROM-Klausel
130
CONNECT BY-Syntax 77–81
Daten zusammenführen 101
Datums-/Zeitumwandlungen
18–22
Datums-/Zeitwert-Intervall-
Literale 101
Datumsfunktionen 53
Direct-Path-Inserts 84
eingefügte Werte zurückliefern
84
Flashback-Abfragen 47, 131

Funktionen für aktuelles
Datum/aktuelle Uhrzeit 50
Funktionen für NULL-Werte
105
GROUP BY-Erweiterungen
70–73
hierarchische Sortierungen 79
Joins
ON-Klausel vs. USING-Klau-
sel 92
Outer Join-Syntax 97
Löschen aus Partitionen 45
mehrere Werte auf der linken
Seite 109
Multi-Table-Inserts 85
numerische Funktionen 56
numerische Umwandlungen
22–24
Partitionen aktualisieren 153
Partitionen/Unterpartitionen in
FROM-Klausel 130
reguläre Ausdrücke 113–115
rekursive Abfragen schreiben
77–81
Substring-Funktion 61
Suchfunktionen 59
Transaktionen starten 134
trigonometrische Funktionen
58
Werte kürzen 52
Werte runden 52
Zeichen umwandeln 63
Oracle Database Globalization
Support Guide 21
ORDER BY-Klausel 132
aufsteigende/absteigende
Sortierungen 133
CONNECT BY-Abfragen und
79

UNION-Abfragen und 141
Unterabfragen in 146
Outer Joins 87, 94–98
  erforderliche/optionale
    Tabellen in 95–98
  Full Outer Joins 96
  herstellerspezifische Syntax 97
  Left Outer Joins 94
  NULL-Werte interpretieren 95
  Right Outer Joins 96

P

Partitionen
  aktualisieren 153
  in FROM-Klausel 130
  Löschen aus 45
Pipe-Metazeichen für reguläre
  Ausdrücke (|) 115, 117
Pivot-Tabellen 13
Plus-Metazeichen für reguläre
  Ausdrücke (+) 115, 117
  optionale Tabellen kenn-
    zeichnen 97
  String-Verknüpfungsoperator
    62
Prädikate 107–112
  für NULL-Werte 103
PRIOR-Funktion/PRIOR-
  Operator 77, 81
Prozentzeichen für Musterver-
  gleiche (%) 111, 116
Punkt für Mustervergleiche (.)
  111, 115, 117
Punktnotation, Tabellen-/View-
  Namen qualifizieren mit
  128

Q

Qualifizieren von Spaltennamen
  119, 125
Qualifizieren von Tabellen-/View-
  Namen 128
QUARTER-Funktion 25, 36

R

READ COMMITTED-Isolatio-
  nebene 135–137
REAL-Funktion 28
REAL-Werte in Zeichenstrings
  umwandeln 35
Regexes (siehe reguläre
  Ausdrücke)
REGEXP_INSTR-Funktion 59,
  113
REGEXP_LIKE-Funktion 108,
  113
REGEXP_REPLACE-Funktion
  60, 113
REGEXP_SUBSTR-Funktion 61,
  113
REGEXP-Prädikat 108, 116
reguläre Ausdrücke 113–117
  Metazeichen 115–117
  MySQL 116
  Oracle 113–115
  SQL Server 115
Reihenfolge der Auswertung bei
  UNION-Operationen 142
rekursive Abfragen 75–81, 117
rekursive WITH-Klausel (ANSI/
  ISO) 75
REMAINDER-Funktion 57
REPLACE-Funktion 60
RETURNING-Klausel
  aktualisierte Daten zurück-
    geben mit 153

eingefügte Daten zurückgeben mit 84

gelöschte Daten zurückgeben mit 45

Right Outer Joins 96

RLIKE-Vergleichsoperator 108

ROLLBACK TRANSACTION-Anweisung 138

ROLLBACK-Anweisung
 Abbrechen zu Transaktions-Savepoints 140
 Daten löschen und 42
 Transaktionen abbrechen 138
 Warnung zu TRUNCATE-Anweisung und 43

ROLLUP-Operation
 Oracle 70
 SQL Server 73

ROUND-Funktion 52, 57

RTRIM-Funktion 62

S

Savepoints, Abbrechen zu 140

Schemanamen, Tabellennamen qualifizieren mit 125

SCNs (System Change Numbers) 48

SEC_TO_TIME-Funktion 39

SECOND-Funktion 25, 36

SECOND-Schlüsselwort (MySQL) 55

seconds-of-the-day-Funktion, Datums-/Zeitwerte umwandeln mit 39

Sekunden seit 1-Jan-1970, Datums-/Zeitwerte umwandeln in 38

SELECT-Anweisung 117–133
 Ausdrücke verwenden in 120
 Einfügen mit Unterabfragen 83
 FROM-Klausel und 128–131
 GROUP BY-Abfragen und 68
 ORDER BY-Klausel und 132
 rekursive WITH-Klausel und 76
 Spaltennamen in Ergebnismengen
  angeben 118
  steuern 121
 UNION-Abfragen und 140–146
 Unterabfragen einbetten in 124
 Unterabfragen verwenden in 146–150
 WHERE-Klausel und 131

SESSIONTIMEZONE-Funktion 51

SET AUTOCOMMIT=0-Befehl 42, 133

SET DATEFORMAT-Befehl 31

SET IMPLICIT_TRANSAC-TIONS-Befehl 133

SET SESSION TRANSACTION-Anweisung 137

SET TRANSACTION-Anweisung 134–137

SET XACT_ABORT-Anweisung 139

SET-Ausdrücke und UPDATE FROM-Klausel 154

SIGN-Funktion 57

SIN-Funktion 58

SINH-Funktion 58

skalare Funktionen 49–64

SMALLINT-Funktion 28

SMALLMONEY-Werte in Zeichenstrings umwandeln 35

SOME-Schlüsselwort und
    Vergleichsoperatoren 108
Sortierungen
  aufsteigende/absteigende 132
  hierarchische 79
Spalten
  aufsteigende/absteigende
    Sortierungen 132
  COUNT-Funktion 65
  CUBE-Operation 71, 74
  Daten aktualisieren 150–154
  Daten auswählen 118–126
  einzelne Zeilen einfügen 82
  FROM-Klausel 128–131
  Funktionen anwenden auf 48
  GROUP BY-Listen verkleinern
    68
  Gruppierungsfunktionen 72,
    74
  LOB-Spalten 104
  Namen qualifizieren 119, 125
  Namen von, in Ergebnismengen
    angeben 118
    steuern 121
  NATURAL JOIN-Schlüssel-
    wörter 92
  Outer Joins 95–97
  Tabellen verknüpfen 91
  USING-Klausel 91
Spaltenaliase 122–125
  UNION-Abfragen und 141
SQL 1992-Inner Join-Syntax 87,
    89
SQL 1999 COALESCE 105
SQL 2003 MERGE 101
SQL Server
  Aktualisieren über einen Cursor
    152

Autocommit-Modus aus-
    schalten/einschalten 133
COMMIT TRANSACTION-
    Anweisung 138
Datums-/Zeitumwandlungen
    30–34
Datumsfunktionen 54
Doppel-FROM-Klauseln 46
Funktionen for NULL-Werte
    106
Funktionen für aktuelles
    Datum/aktuelle Uhrzeit 51
GROUP BY-Erweiterungen 73
numerische Umwandlungen 34
reguläre Ausdrücke 115
ROLLBACK TRANSACTION-
    Anweisung 138
Suchfunktionen 59
Transaktionen starten 136
trigonometrische Funktionen
    58
UPDATE FROM-Klausel 154
START TRANSACTION-Anwei-
    sung (MySQL) 136
START WITH-Klausel 77
Starten von Transaktionen
    134–137
STDDEV-Funktion 66
String-basierte Intervall-Formate
    (MySQL) 55
String-Begrenzer (Oracle) 99
String-Begrenzer (Tabellen-/Spal-
    tennamen) 123
String-Funktionen 59–64
String-Literale, Escape-Sequenzen
    (MySQL) 99, 112
Strings
  durchsuchen 59

Groß-/Kleinschreibung ändern 64

Länge ermitteln 61

Substrings extrahieren aus 60

Text ersetzen in 60

unerwünschte Zeichen abschneiden 62

verketten 61

Zeichen umwandeln 63

SUBSTR/SUBSTRB/SUBSTR2/ SUBSTR4-Funktionen 60

SUBSTRING-Funktion 61

Substrings aus Strings extrahieren 60

SUM-Funktion 66

SYS_CONNECT_BY_PATH-Funktion 81

SYS_EXTRACT_UTC-Funktion 51

SYSDATE() (MySQL) 52

SYSDATE-Funktion (Oracle) 50

System Change Numbers (SCNs) 48

SYSTIMESTAMP-Funktion 50

T

Tabellen

alle Spalten zurückliefern von 119

Daten aktualisieren 150–154

Daten auswählen aus 117–126

erforderliche/optionale, in Outer Joins 95–98

aus den Ergebnissen von Joins löschen 46

geschachtelte Spalten (Oracle) 130

Namen qualifizieren 128

Partitionen/Unterpartitionen in FROM-Klausel 130

Spaltennamen qualifizieren 125

TRUNCATE TABLE vs. DELETE 43

verknüpfen 87–98

Zeilen einfügen 81–86

Zeilen löschen aus 42–44

Tabellenaliase 42

Flashback-Abfragen und 47

in FROM-Klauseln 128

Tabellen-Joins (siehe Joins)

TABLE-Funktion 130

TAN-Funktion 58

TANH-Funktion 58

Textdaten in NCLOB umwandeln 24

Text-Literale 98

TIME_FORMAT-Funktion 39

TIME_TO_SEC-Funktion 39

TIME-Funktion 25

TIMESTAMP WITH TIME ZONE-Werte 50

TIMESTAMP_FORMAT-Funktion 25

TIMESTAMP_ISO-Funktion 25

Timestamp-Formate

DB2 25–28

Oracle 21

Unix-Timestamps und MySQL 38

TIMESTAMP-Funktion 25

Timestamp-Literale 100

TIMESTAMP-Schlüsselwort 47

TIMEZONE_ABBR-Element (Oracle) 17

TIMEZONE_HOUR-Element (Oracle) 17

TIMEZONE_MINUTE-Element (Oracle) 17

TIMEZONE_REGION-Element (Oracle) 17

TO_BINARY_DOUBLE-Funktion 22–24
TO_BINARY_FLOAT-Funktion 22–24
TO_CHAR-Funktion 18–22, 22–24, 25
TO_CLOB-Funktion 24
TO_DATE-Funktion 18–22, 25
TO_DAYS-Funktion 37
TO_DSINTERVAL-Funktion 18–22
TO_LOB-Funktion 25
TO_MULTI_BYTE-Funktion 25
TO_NCHAR-Funktion 25
TO_NCLOB-Funktion 24
TO_NUMBER-Funktion 22–24
TO_SINGLE_BYTE-Funktion 25
TO_TIMESTAMP_TZ-Funktion 18–22
TO_TIMESTAMP-Funktion 18–22
TO_YMINTERVAL-Funktion 18–22
Touristenattraktionen, Tabellen für 11
Transaktionen 133–140
  abbrechen 138
  abbrechen zu Savepoints 140
  Autocommit-Modus 42, 133
  beenden 137
  benennen 134
  Isolierungsebenen für 135–137
  starten 134, 137
TRANSLATE-Funktion 63
trigonometrische Funktionen 58
TRIM-Funktion 62
TRUNCATE TABLE-Anweisung vs. DELETE-Anweisung 43

TRUNCATE-Funktion (MySQL) 58
TRUNC-Funktion 52, 57

U
UCASE-Funktion 64
Umwandlungsfunktionen 15–42
unerwünschte Zeichen von Strings abschneiden 62
Unicode Code-Einheiten
  INSTR2-Funktion 59
  LENGTH2-Funktion 61
  LIKE2-Prädikat 112
  SUBSTR2-Funktion 61
Unicode Code-Punkte
  INSTR4-Funktion 59
  LENGTH4-Funktion 61
  LIKE4-Prädikat 112
  SUBSTR4-Funktion 61
Unicode-Zeichen
  LIKEC-Prädikat 112
  Text-Literale und 98
UNION ALL-Schlüsselwort 141
UNION-Abfragen 140–146
  Auswertungsreihenfolge 142
UNION-Schlüsselwort 140
UNIX_TIMESTAMP-Funktion 38, 52
Unix-Timestamp-Format, Umwandlung in/aus 38
Unterabfragen 146–150
  aktualisieren 153
  auslagern mit WITH-Klausel 147–150
  bedingungslose Multi-Table-Inserts 85
  einbetten in SELECT-Anweisungen 124
  EXISTS-Prädikate und 110

in FROM-Klausel 129
IN-Prädikate und 110
Löschen aus 44
mehrere Werte auf der linken
  Seite angeben 109
neue Werte generieren aus 151
rekursives WITH (ANSI/ISO)
  76
Zeilen einfügen über 83
Unterpartitionen in FROM-
  Klausel 130
Unterstrich für Mustervergleiche
  (_) 112, 116
UPDATE FROM-Klausel 154
UPDATE-Anweisung 150–154
Aktualisieren
  über Cursor 152
  Partitionen 153
  Views/Unterabfragen 153
aktualisierte Daten zurücklie-
  fern 153
Unterabfragen und 147
UPPER-Funktion 64
USING-Klausel
Inner Joins schreiben mit 91
Outer Joins schreiben mit 95
UTC-Datum/Zeit zurückliefern
DB2 51
Oracle 51
SQL Server 52

V

VALUES-Klausel 82
VARCHAR_FORMAT-Funktion
  25
VARCHAR-Funktion 25, 30
VARIABLE-Befehl (SQL*Plus) 85
VARIANCE-Funktion 66

Vergleichsoperatoren 107
mehrere Werte auf der linken
  Seite angeben 109
verteilte Transaktionen
abbrechen 139
benennen 135
identifizieren 138
Scheitern von 135
starten 136
Views
aktualisieren 153
Daten einfügen in 83
Löschen aus 44
Namen qualifizieren 128
Vorrang bei Join-Operationen 90

W

WEEK_ISO-Funktion 25
WEEKDAY-Funktion 36
WEEK-Funktion 25, 36
WHEN-Klausel
bedingte Multi-Table-Inserts
  86
durchsuchte CASE-Ausdrücke
  14
einfache CASE-Ausdrücke 14
WHERE-Klausel 131
CONNECT BY-Abfragen und
  78
Daten löschen 42, 46
Daten zusammenführen 102
HAVING-Klausel und 70
Inner Joins und 90
Join-Bedingungen und 88
Prädikate und 107–112
UPDATE FROM-Klausel 154
Zeilen aktualisieren 151
WITH MARK-Klausel 136

WITH-Klausel
    korrelierte Unterabfragen auslagern 149–150
    nicht-korrelierte Unterabfragen auslagern 147
    rekursive 75

Y

YEAR_MONTH-Schlüsselwort (MySQL) 55
YEAR-Funktion 25, 34, 36
YEAR-Schlüsselwort (MySQL) 55
YEARWEEK-Funktion 36

Z

Zeilen
    alle abrufen 126
    Daten aktualisieren 150–154
    Daten zusammenfassen 70–74
    Duplikate entfernen 126
    EXISTS/NOT EXISTS-Prädikate 110
    mit HAVING-Klausel filtern 69
    Informationen zu gelöschten Zeilen zurückliefern 45
    INTERSECT-Operation 145
    zu Mengen gruppieren 64–70
    MERGE-Anweisung 101
    in Tabellen einfügen 81–86
    aus Tabellen löschen 42
    Tabellen verknüpfen 87–98
    TRUNCATE TABLE vs. DELETE 43
    UNION/UNION ALL-Schlüsselwörter 140
    WHERE-Klausel 131
    Zirkel in hierarchischen Daten 79
Ziele von Einfüge-Operationen 83
Zirkel in hierarchischen Daten 79
Zusammenfassen von Daten 70–74

Unser Programm

O'Reillys Tierbücher

Neben der Taschenbibliothek, die Sie gerade in Händen
halten, bietet O'Reilly ein umfangreiches Programm an
umfassenden Titeln zu nahezu allen IT-Bereichen an.
Nach Ihren Erfahrungen mit unseren kleinen versuchen
Sie es doch auch mal mit unseren großen Tieren.

→   *www.oreilly.de/catalog/prdindex.html*

O'Reillys Kochbücher

Sie suchen nach den richtigen Zutaten, um ein
Programmier-Problem zu lösen? Dann ist ein Kochbuch
von O'Reilly genau das Richtige für Sie! Kochbücher sind
lösungsorientierte Ratgeber mit dem unverkennbaren
Aufbau »Problem – Lösung – Diskussion«. Jedes Koch-
buch enthält Hunderte von Skripten, Programmen und
Befehlssequenzen, die bei der Lösung handfester
Probleme hilfreich sind.

→   *www.oreilly.de/cookbooks/*

O'Reilly Hacks

Hacker sind im Unterschied zu Crackern keine Krimi-
nellen, sondern echte Freaks, die Spaß daran haben,
Lösungen für vertrackte Probleme auszutüfteln. Unsere
Hacks-Reihe bietet dieses Insider-Wissen allen, die
neugierig sind und etwas dazulernen wollen.
Thematisch sortiert enthält jeder Band 100 Hacks,
die das Leben schöner machen.

→   *www.oreilly.de/hacks/*

Missing Manuals

Microsoft tut es, Apple tut es und viele andere Software-
hersteller auch: Sie liefern ihre Software ohne gedruckte
Dokumentation aus. O'Reilly und der Erfolgsautor
David Pogue schaffen Abhilfe und bringen gemeinsam die *Missing Manuals* heraus: Gut verständlich
und mit fachlicher Autorität geschrieben, helfen sie,
den vollen Funktionsumfang eines Programms
schnell zu erschließen.

→   *www.oreilly.de/mm/*

O'REILLY®
www.oreilly.de

O'Reillys Taschenbibliothek
kurz & gut

Oracle PL/SQL, 2. Auflage
Steven Feuerstein, Bill Pribyl & Chip Dawes, 144 Seiten 2003, 8,90 €, ISBN 3-89721-260-9

Dieses Buch fasst die grundlegende PL/SQL-Syntax übersichtlich zusammen und behandelt dabei u.a. folgende Themen: grundlegende Sprachelemente (Bezeichner, Variablen, Datentypen, Deklarationen), Datensätze, Prozeduren, Funktionen, Trigger und Packages sowie Oracle9i-Features wie CASE-Anweisungen und -Ausdrücke, Objekttyp-Vererbung und geschachtelte Collections.

Oracle SQL*Plus, 2. Auflage
Jonathan Gennick, 126 Seiten, 2003, 8,- € ISBN 3-89721-252-8

*Oracle SQL*Plus – kurz & gut, 2. Auflage* ist für jeden Oracle-Administrator und -Entwickler eine nützliche Informationsquelle für die Arbeit mit Oracles interaktivem Abfrage-Tool SQL*Plus. Das Buch bietet eine kompakte Zusammenfassung der Syntax von SQL*Plus sowie eine Referenz zu den SQL*Plus-Befehlen und -Formatelementen. Die zweite Auflage berücksichtigt viele neue Features von Oracle 9i und ist darüber hinaus um Abschnitte zu weiteren SQL-Befehlen erweitert worden.

Oracle DBA Checklisten
RevealNet, 88 Seiten, 2001, 8,- € ISBN 3-89721-236-6

Oracle DBA Checklisten – kurz & gut ist eine Kurzreferenz, die die große Aufgabenvielfalt von Oracle-Datenbankadministratoren in einfach zu nutzenden Checklisten zusammenfasst. Immer wieder auftretende administrative Abläufe und Routineprozeduren können in dem handlichen Bändchen schnell nachgeschlagen und Schritt für Schritt durchgeführt werden.

Oracle SQL Tuning
Mark Gurry, 116 Seiten, 2002, 8,- € ISBN 3-89721-242-0

Oracle SQL Tuning – kurz & gut bietet Oracle-Datenbankadministratoren und -Entwicklern praktische Lösungen für typische Probleme beim Tunen von SQL-Anweisungen. Neben diesen konkreten Lösungsansätzen für die Verwendung des regel- und des kostenbasierten Optimizers versammelt das handliche Bändchen eine Fülle von nützlichen Tuning-Tipps und Beispielen und beschreibt den Einsatz des DBMS_STATS-Packages für Statistiken. Das Buch deckt Oracle 9i ab.

O'Reillys Taschenbibliothek
kurz & gut

Linux
Daniel J. Barrett, 204 Seiten, 2004, 9,90 €
3-89721-501-2

Eine praktische, anwenderorientierte Kurzreferenz, die auf engstem Raum alle wichtigen Konzepte, Befehle und Optionen vorstellt. Die Referenz ist auf SUSE 9 zugeschnitten, lässt sich aber im Wesentlichen auf alle gängigen Linux-Distributionen übertragen.

PHP, 2. Auflage
Rasmus Lerdorf, 144 Seiten, 2003, 8,90 €
ISBN 3-89721-251-X

Eine ideale Kurzeinführung in Syntax und Struktur der Skriptsprache sowie eine Schnellreferenz für die Vielzahl der Funktionen.

Perl, 4. Auflage
Johan Vromans, 108 Seiten, 2003, 8,- €
ISBN 3-89721-247-1

Überblick über Perl 5.8, u.a. über Syntaxregeln, Quotierung, Variablen, Operatoren, Funktionen, I/O, Debugging, Formate, Standardmodule und reguläre Ausdrücke.

Python, 2. Auflage
Mark Lutz, 128 Seiten, 2002, 8,- €
ISBN 3-89721-240-4

Diese Sprachreferenz behandelt Python 2.2 und gibt einen Überblick über Anweisungen, Datentypen, eingebaute Funktionen, häufig verwendete Module und andere wichtige Sprachmerkmale.

MySQL
George Reese, 92 Seiten, 2003, 8,- €
ISBN 3-89721-257-9

Ein vollständiges Nachschlagewerk zur Syntax aller SQL-Befehle, die von MySQL unterstützt werden. Mit Informationen zu Datentypen, Operatoren und Funktionen des Datenbanksystems.

Apache
Andrew Ford, 120 Seiten, 2001, 8,- €
ISBN 3-89721-224-2

Behandelt werden Optionen, Module, Hilfsprogramme, Betrieb und Konfiguration, Performance Tuning, Request-Verarbeitung, Zeitformate, CGI-Umgebungsvariablen für Apache 1.3.12.

O'Reillys Taschenbibliothek
kurz & gut

Apache
Andrew Ford, 120 Seiten, 2001, 8,- €
ISBN 3-89721-224-2

Behandelt werden Optionen, Module, Hilfsprogramme, Betrieb und Konfiguration, Performance Tuning, Request-Verarbeitung, Zeitformate, CGI-Umgebungsvariablen für Apache 1.3.12.

JavaServer Pages
Hans Bergsten, 88 Seiten, 2002, 8,- €
ISBN 3-89721-239-0

Informationen zu JSP-Syntax und -Verarbeitung, Direktiven, Standard-Aktionselementen, Skriptelementen, JSP-Objekten, benutzer-definierten Aktionen sowie der Entwicklung von TLD- und WAR-Dateien.

Jakarta Struts
Chuck Cavaness & Brian Keeton, 150 Seiten, 2004, 9,90 €,
ISBN 3-89721-261-7

Jakarta Struts – kurz & gut dokumentiert alle Komponenten und Core-Features des Struts-Framework und enthält detaillierte Informationen zu der umfangreichen Tag-Bibliothek.

Ant
Stefan Edlich, 88 Seiten, 2002, 8,- €
ISBN 3-89721-241-2

Das Bändchen enthält neben einer knappen Einführung in die Arbeit mit Ant eine vollständige Referenz der Built-in-Tasks und ihrer jeweiligen Attribute sowie kurze Beispiele für ihre Verwendung.

CGI, 2. Auflage
Martin Vorländer, 106 Seiten, 2003, 8,- €
ISBN 3-89721-244-7

Eine Referenz der CGI-Technologie sowie der bei CGI ver-breitetsten Verfahren und Tools wie CGI.pm, mod_perl, SSI, Template-Systeme und Einbetten von Perl-Code.

HTTP
Clinton Wong, 86 Seiten, 2000, 8,- €
ISBN 3-89721-230-7

Konzeptioneller Überblick über HTTP und ausführliche Referenz zu HTTP-Transaktionen, Client-Methoden, Statuscodes, Header, URL-Codie-rung, Medientypen, Cookies, Authentifizierung, Persistenz und Caching.